寻觅书香

聂震宁阅读新论

聂震宁 著

Nie Zhenning's
Discourses on Reading

团结出版社

图书在版编目（ＣＩＰ）数据

寻觅书香：聂震宁阅读新论 / 聂震宁著 . -- 北京：
团结出版社 , 2024. 11. -- ISBN 978-7-5234-1404-0

Ⅰ . G792

中国国家版本馆 CIP 数据核字第 202483QM96 号

责任编辑：时晓莉
封面设计：阳洪燕

出　　版：团结出版社
　　　　　（北京市东城区东皇城根南街 84 号 邮编：100006）
电　　话：（010）65228880 65244790（出版社）
　　　　　（010）65238766 85113874 65133603（发行部）
　　　　　（010）65133603（邮购）
网　　址：http://www.tjpress.com
E-mail：zb65244790@vip.163.com
　　　　　tjcbsfxb@163.com（发行部邮购）
经　　销：全国新华书店
印　　装：三河市东方印刷有限公司

开　　本：140mm×210mm　32 开
印　　张：6.875　　　　　　字　　数：102 千字
版　　次：2024 年 11 月 第 1 版　　印　　次：2024 年 11 月 第 1 次印刷

书　　号：978-7-5234-1404-0
定　　价：58.00 元
　　　　　（版权所属，盗版必究）

写在前面的话

　　写书作文，一个基本原则是"小切口、大文章"，也就是大家熟知的一个成语"小题大作"。可是，这本书却是"大题小作"。当今社会，为什么读书、怎么读书、读什么书当然是大问题，全民阅读更是社会发展的大题目。可是，这本书里写的大都是小文章。为什么？道理当然很简单。天底下，越是大题目，越要从细处入手。譬如，去书店买书在一个读书人是一件很小的事情，可是这跟全民阅读有什么关系，却是可以讨论一番的；又譬如，亲子阅读是一位年轻妈妈日常的快乐事情，可是究竟应该怎样带着小宝贝读书，却也是需要讲究一番的。我就是通过这些小文章来倡导阅读、推广阅读的。

　　说到全民阅读，我们知道这是中国式现代化建设的重要举措之一，可是你拿这个大道理去倡导阅读，一般情况下普通群众甚至是中小学生是弄不明白的。为此，倡导全民阅读，推广全民阅读，还是要从具体问题着手。老子《道德经》说："图难于其易，为大于其细；天下难事，必作于易；天下大事，必作于细。是以圣人终不为大，故能成其大。夫轻诺必寡信，多易必多难。是以圣人犹难之，故终无难矣。"大意是，难事大事必须从可行易行之处做起，集土而成山；而轻易就发出诺言的，很少能够兑现；把事情看得太容易，必遭受很多困难；圣人总是在战术上重视困难，所以最后就没有什么难的了。全民阅读的题目越大，越要从可行易行之处做起，从具体事情做起，让更多的人明白读书的好处，感觉到阅读的好处，养成阅读的习惯，爱上阅读。这是我们开展全民阅读应该有的思路和思想准备。

全民阅读是一个静水流深的过程，切不可操之过急，有一蹴而就的想法。倡导、推广全民阅读，需要有务实的态度。墨子说："士虽有学，而行为本焉。"意思是读书人虽有学问，但也要以落实到行动为根本。回首国家倡导全民阅读十多年，从加强优秀出版物供给和公共图书馆创新发展，从建设农家书屋到城市书房创新，从开展亲子阅读到实施中小学生读书行动，从提倡纸质阅读到适应数字化阅读，哪一件事不需要以务实的精神，从一件一件小事做起？荀子说："不积跬步，无以至千里；不积小流，无以成江海。"意思是：不积累一步半步的行程，就没有办法达到千里之远；不积累细小的流水，就没有办法汇成江河大海。而今全民阅读渐渐发展成为社会趋势，上升为国家发展战略，正是社会上有了越来越多的爱书人、领读者，大家有热情，做实事，走深走实，才有了全民阅读的良好态势。我们大家都要为全民阅读多做一些实事。

大题目可以做小文章，大题目还要做实事，这就是这本小书写在前面的话。

目 录

演讲访谈

我们为什么要阅读 ①

    2020"新时代乡村阅读季"今天正式启动，很高兴能在快手直播的平台上跟大家做一次阅读交流分享。

    很巧，今天是我们中国二十四节气中的小满节气。我国有一本很有诗意的古籍《月令七十二候集解》，这本书对一年中的各个节气都有非常诗意的解释，对小满节气它是这样介绍的：四月中，小满者，物至于此小得盈满。这个时候我国北方农作物的籽粒开始灌浆饱满，但是还没有成熟，只是小满，还未大满。这个时候南方是雨水丰盈，这里的"满"字代表雨水多的意思。可是，大家注意到了没有，二十四节气中有小暑又有大暑，有小雪又有大雪，有小寒还有大寒，唯

---

① 2020"新时代乡村阅读季"由中央宣传部、农业农村部共同主办，2020 年 5 月 20 日在京以网络直播形式正式启动。本文系作者在启动仪式后的演讲，由快手直播播放。

独有小满却没有大满。这是为什么？这就是中华文化里的一个奥秘。《说文解字》说："满，盈溢也。"俗话说："水满则溢，月盈则亏。"中华文化并不张扬大满，而追求"小得盈满"，更希望事物处于将熟未熟还有向上，可以"继长增高"的状态。我们今天讲为什么要阅读，就是为了告诫大家不要觉得自己已经大满，更不要自满。先不要说很多人不读书，一无所有，即便有的人是"小得盈满"，可也还要"继长增高"。我们提倡全民阅读，既是为了我们社会上还有许多不爱读书的人读起书来，也为了读书"小得盈满"的许多人"继长增高"，为了全社会形成爱读书、读好书、善读书的浓厚氛围。

我们为什么要阅读？既是一个很小的问题，也是一个很大的问题。说小，小到一个人出生后看花花书，识字，讲故事，上学，说来就是一个小问题。可是，读书也是一个很大的问题，大到与人类社会密不可分，与国家、民族发展紧密相关。

我们先从大问题讲起。

阅读与人类社会密不可分

人类与地球上的所有其他动物最重要的区别是什么？相信很多人能随口说出很多答案，譬如：人类能制造和使用生产工具从事生产劳动，动物不能；人类的活动具有社会性，动物没有；人类会思考、会谋划，而到现在为止没有发现哪种动物有这样的本事；人类社会有着特有的继承方式，动物没有；人类能够通过语言交流——请注意，这一点区别可能有不同意见，因为根据动物学家研究，动物也有"语言"，也就是俗话说的："人有人言，兽有兽语。"动物学家发现，猪有 23 种声音信号，狐狸有 36 种声音信号，阿拉伯狒狒放出的声音信号甚至不少于 40 种。此外，在模拟声音能力方面，有一种鹦鹉竟然会"说"上百个人类语言单词和几十句话，这样还能确认动物肯定就没有语言交流吗？不好说得太绝对。可是，人类与地球上的所有其他动物最重要的区别，就是人类是地球上唯一会使用文字符号来阅读的动物。为此，有哲学家把人类称为"符号的动物"。人类作为"符号的动物"能够不去好好阅读符号吗？

汉代《淮南子·本经训》这样描写："昔者仓颉作书，而天雨粟，鬼夜哭。"说是仓颉创造文字的时候，天上落下粟米，鬼在夜里啼哭。这虽然是一个古代传说，可是，人类造出文字竟然能"惊天地，泣鬼神"，强烈反映出中华民族对文字发明和阅读的重视程度。据目前的考古发现，距今 4000 年前中华民族就有了比较系统的文字。

人类有了文字，也就能够进行更多的阅读和交流。为此，文字载体的发明和进步就显得特别重要。这就是在人类文明发展史上，学者们对中国古代四大发明首推发明造纸术的理由。1978 年美国一位学者麦克·哈特编写了一部产生较大影响的书——《影响人类历史进程的 100 名人排行榜》，作者根据自己的研究，对众多历史名人对人类历史进程的影响大小做了排位，他把发明造纸术的东汉蔡伦排在第七位，可以说是推崇备至了。公元 105 年，东汉朝廷的官员蔡伦，发明了用各种植物纤维制浆而做成纸张的工艺。而当时世界各国都还不知道纸为何物。那时候阿拉伯地区和欧洲地区正在使用莎草纸和羊皮纸。直到公元 8 世纪，阿拉伯地区才从中国唐朝获得了纸张及其制造方法，欧洲地区则是 10 世纪才逐渐用上了中国造纸术生产出来的纸张。造纸术和宋代印刷术的发明，带来了中国古代出版业的大规模发展。在 18 世纪中期前，汉语出版的书籍比世界上其他所有语言出版的书籍的总和还要多。我们中华文明为什么一直传承下来，因为很早就有了出版业，很早就开始了文字的阅读，出版业和阅读是共生发展的。有了文字的传播和阅读，就形成了人类的文化，有了人类的文化，就形成了人类的社会。也就是说，文字的阅读和传播已经成为人类的基本生活方式。

那么，现在读书还那么重要吗？

说到文字的传播和阅读已经成为人类基本生活方式，可能有人不完全赞同，特别是说到人类离不开文字书籍的传播和阅读，也就是平常所说的读书，越发有人不完全赞同。

在现实生活中，我们发现，总有些人或隐或现、若明若暗、若即若离地希望离开阅读，起码总有些人希望文字阅读少一些再少一些。

自从 100 多年前人类发明了电影，有人就觉得看电影两个小时就能享受一个曲折故事，比起读书来这当然要轻松很多。再后来有了电视，不少人觉得看电视比起看电影更加轻松方便，于是越发将读书置之度外了。总之，有的人宁愿读图、看视频、刷抖音、发表情包，也不愿去啃读一部小说——哪怕是一部几千字的短篇小说。有的人宁可天天晚上都连续几个小时去看影视剧，也下不了决心去阅读比那些剧作内涵更深刻更丰富更细腻的小说原著。如此发展下去，读书还是不可或缺的生活方式吗？

当然，即便如此，我们还要说，读书还是人类不可或缺的生活方式。

在人类科学文化的阅读和传播上，文字的阅读和传播总是最主要的方式。早在 1972 年联合国教科文组织就发出"走向阅读的社会"倡议，1982 年又一次发出倡议"八十年代的目标——走向阅读的社会"。第一次倡议主要是面向当时经济文化相对落后的第三世界国家提出来的，第二次倡议却是面向整个世界，因为当时欧美发达国家正在遭到"电视病"的侵蚀，很多人花费大量的时间坐在电视机前而不再读书，引起了人类社会普遍的忧虑。1995 年，联合国教科文组织再一次提倡全民阅读，设立"世界读书日"，并且发表宣言："希望散居在世界每一个角落的人，……都能享受阅读的乐趣。"不妨想想，迄今为止，有哪一种科学文化传播方式得到过联合国教科文组织如此全面、持续、倾力地提倡过呢？是电影还是电视？是音乐还是演艺？是电信还是网络？当然都不可能。因为在联合国教科文组织的理念中，阅读是关系到"散居在世界每一个角落的人"。在人类所有的科学文化阅读和传播方式中，除了文字的阅读，还没有哪一种方式直接关系到"散居在世界每一个角落的人"吧？

我们得承认，在现实生活中，与影视数字媒介相比较，甚至与其他许多传播方式相比较，书籍的阅读受大众的欢迎度显然处于劣势，因为阅读不仅费力，还不像影视及其他许多传播方式那样来得轻松。可是，阅读，无论是纸介质还是数字介质，只要是文字的阅读，乃是人类最重要的脑力活动，是人们的智商、情商、想象力、思维力得以维持和发展的基本路径。文字阅读，需要读者去理解、想象、推论、联想、创新。大家熟知的名言"一千个读者就有一千个哈姆雷特"，就是这个道理。每一个读者的人生经历、价值取向不同，对文学人物形象的理解自然不尽相同。同样的道理，同样一篇文章，同样一个问题，不同的读者自然有不同的看法。可是，当电影、电视剧开始播出时，观众就会被动地接受那些声光电造成的影像，被动地接受剧中人物的形象和言行举止、喜怒哀乐，既不需要观众去做太多的想象，也不需要观众头脑里输出多少东西，一千个读者就只能有一个哈姆雷特。如果阅读消亡，后果是不是不堪设想？有学者指出，与读者占大多数的国家相比较，电视观众占大多数的国家基本上是不用大脑的。我们的社会是不是正在从前者变成后者。

对于阅读与国家民族的关系，习近平总书记有一个非常重要的论述。2019 年 8 月 21 日，习近平总书记在读者出版集团考察调研时强调："要提倡多读书，建设书香社会，不断提升人民思想境界、增强人民精神力量，中华民族的精神世界就能更加厚重深邃。"

阅读与个人成长紧密相关

阅读与个人成长紧密相关，这是一个几乎人人都明白的简单道理。可是，也有轻视阅读的人会对这个道理不以为然。尤其是一些年轻人，在现实生活中看到有些成功人士，特别是发家致富的人士读书并不多，甚至有的小学都没有毕业，就认为读书无用，成功全在运气。我们当然要承认，每个人事业上取得成功的因素总是多种多样的，其中不排除有运气的成分。尤其是在特殊年代，如灾荒、战争、动乱甚至社会转型时期，人的命运的偶然性往往陡然加大，强化了运气也就是偶然性的比重。可是，在正常运行的现代文明社会里，通常情形下，个人的每一次进步，每一个台阶，都面临一个又一个挑战，为此必须努力学习，不断更新知识。一个人只要追求进步，就必须重视学习，保持学习状态。唯有如此，个人才能在复杂的环境中始终保持内在成长的能力，不至于被时代抛弃。特别是我们当下所处的信息时代，从来没有哪一个时代，像今天这个时代一样需要人们不断地、随时随地、快速高效地学习。那种依靠死记硬背答案就可以拿高分的时代，将很快离我们远去。不用多说，阅读是一切学习的起点和基础，通过大量有效的阅读去开始新的学习，获取新的知识，提高自己的思维力、想象力和创新力，则是处在这个时代怀揣理想抱负的所有人必须获得的一种核心能力。

我在自己的一本书《阅读力》里总结了人们读书的四大理由，那就是读以致知、读以致用、读以修为、读以致乐。下面和书友们分享一下。

读以致知——珍惜"神圣的好奇心"

读以致知是人之为人最基本、最普遍的阅读目的。求知欲是人与生俱来的基本需求。人的天性之一就是满足求知欲，要满足人们希望知道或了解更多事物的求知心态。心理学认为：求知欲是个体学习的内在动机，个体寻求知识的动力，是创造性人才的重要特征。通过学习而成长，这是古之圣贤倡导的不二法门。

读以致知，这是一个与生俱来的本能需要，也是人们读书的原初动力。它不是为了什么具体的目的而读书，只是因为我们是人类，所以要读书。孔子说："朝闻道，夕死可矣。"我曾经在一些文章中说过一个真实的故事。有一个被判了死刑的人，明知道当天上午就要被执行，可是，在等待行刑时间到来的时候，他从别的犯人那里得到他期待已久的一本书，赶紧认真读起来。有人在一旁想：他这时候读书还有什么用呢？看来苏格拉底的答案可以移植过来：至少他死前可以读到这本书了。

读以致知，往往首先来自人的好奇心。人在好奇心的驱使下，仰观天象，探测深海，思考宇宙，探索万物。爱因斯坦把好奇心称为"神圣的好奇心"，并且指出，好奇心这株嫩苗，除了需要鼓励外，还需要自由，强制必然会损害探索的兴趣。在阅读上，一个人的阅读是出于兴趣，还是出于强制，效果大不一样。出于兴趣阅读，人是快乐的，会积极认知和思考，往往事半功倍，反过来，在强制下阅读，往往会产生情绪抵触，也就事倍功半。通过唤起孩子的好奇心来引导他的阅读兴趣，这是阅读培养的务本之道。

读以致知，往往还来自对孩子兴趣的培养。记得在 2015 年 3 月 27 日的《文汇报》读到一篇报道：《来！听一场结构生物学和哲学的"对话"》，文中当时清华大学最年轻的教授和博士生导师颜宁说："很多人问我，你愿意做科学是因为你对它有兴趣吗？我是真有兴趣，但不是一开始就有。而是成就感的推动而产生对它的兴趣，产生了真正的喜欢。当我看到自己实验成果的一瞬间，常常感到欣喜异常。"其中包含两层意思，一是兴趣可以培养起来，二是"成就感的推动而产生对它的兴趣"。这就提醒我们，对孩子的阅读兴趣，一方面要顺着他天生的好奇心因势利导，另一方面还可以通过各种办法养成他的兴趣，而让他产生成就感就是养成兴趣的重要方法之一。可以说，在素质教育背景下，兴趣应该是实施教育的第一要素，读以致知，要从激发兴趣入手。

读以致用——书到用时方恨少

读书有用，实在是天经地义的事情。甚至可以说，读以致用是人类社会不断前进的重要动力。上学要进步就要阅读，一个人要成长性阅读、职业性阅读、精英性阅读、研究性阅读，它们的核心当然都是读以致用。只要不走极端，不要把实用价值看成是阅读学习的唯一价值，而要承认人还有全面发展的需求，有求知的兴趣，有修为的需要，还有娱乐的快感，那么，读以致用就应当在人类社会的科学文化发展中担负起最大的责任。

对于中小学生而言，我们尤其要把读以致用讲清讲透。事实上，关于阅读的重要性，家长和老师们早已明白很多这方面的道理。我们这里引用三位名人很有说服力的名言。第一位是著名教育家、作家叶圣陶，他曾经说过："阅读是自己的事，像这样专靠自己的力才能养成好习惯，培养真能力。再说，我们总有离开可以请教的人的时候，这时候阅读些什么，非专靠自己的力不可。"第二位是著名儿童文学作家曹文轩，他说出了阅读对于一个写作者最直接的用处，他说："写作是一支箭，阅读是把弓。"第三位是著名语文教育专家温儒敏，他说得言简意赅："阅读如呼吸。"呼吸是人的生命存在方式，阅读的用处可想而知。三位名人都道出了读以致用的真谛。是的，读以致用天经地义，不阅读怎么知道世界的广阔和美好，不阅读怎么可能学到知识和本领！对于中小学生，我特别要说的一句话就是：读以致用，"书到用时方恨少"，阅读力等于学习力！

不少成年人，为了掌握一技之长，为了发家致富，就去读各种各样的书。甘肃一个农民，一边种葡萄一边写诗歌，学会自酿葡萄酒，诗歌还发表了不少。有一个 70 岁农村老太太，因为和邻居闹矛盾，不服派出所处理，想维护自己的权益，便把养的猪卖了，买了两麻袋法律法规的书，自学成才，把儿子供到北京科技大学毕业，她本人在北京给别人代理打官司挣钱。想活得更有追求，很多农民工成立文学社，阅读文学书籍，陇东打工文学社，涌现出一群执着的打工写作者，其中有好几位成为中国诗歌学会会员。

读以修为——腹有诗书气自华

可以这么说，一个社会在读以修为上有多么大的热情，将决定这个社会国民的整体素质有多么大的提升。要实现人的全面发展，首先要从读以修为做起。

既然是读以修为，我们认为在倡导全民阅读时最好不要强调"读书改变命运"，少说或者最好不说"书中自有颜如玉，书中自有黄金屋"一类较功利的劝学名言。读书确实改变了不少人的命运，可是，也有很多人读书并没有改变命运。命运这个问题太复杂，岂是一个读书就能完全决定得了的。用"颜如玉""黄金屋"乃至"改变命运"来倡导全民阅读，也不是全民阅读的本意，让全体人民都"悬梁刺股"地去读书，更不是政府之所愿。全民阅读不是鼓励全民通过阅读达到升学、升职、发财的目的，也不是科学家为了发明创造、教授学者为了专业研究的阅读，甚至不是急用先学、学了就要用的阅读，而是前面我们一再说过的，全民阅读首先是为了人们满足求知欲的需要，是为了每个人都能享受阅读乐趣，是为了每个人的素质得到提高，是为了读以修为，实现人的全面发展。

说到读以修为，首先让我们想起的名言就是宋代大学士苏东坡的"腹有诗书气自华"。这一诗句成了千余年来无数读书人自慰的常用精神药剂。

经常有长辈学者劝导青年人，人要有点书卷气。书卷气来自哪里？当然来自书卷，来自读书。一个青年安静地读书，久而久之，就有了一种气质，那就是静气。一个青年，原本表情比较浑浊，读书既久，慢慢地变得清秀起来，那就是文气。一个青年，原本表情比较木讷，可因为读到书中非常美丽的句子，表情就有微微的愉悦，这就是秀气。一个青年，因为读书，有了一种更好的想象，他的神情往往透露出来的是一种迷人的令人神往的表情，这就是灵气。一个青年，原来比较自负傲气，读了书渐渐谦和起来，因为读然后知不足，知道世界有太多自己不知道的东西，于是就有了雅气。"腹有诗书气自华"——有了静气、文气、秀气、灵气、雅气、书卷气、平和之气，而与那些腹无诗书的人，或者浑身俗气、怨气，或者一身娇气、小市民气，或者一身傲气、霸气、戾气、粗鄙之气，前后比较，社会评价效果高下立判。

读以修为，不只是被古今社会看成是一个人成长和修养的重要途径，也是许多家庭生活追求的理想状态。"忠厚传家久，诗书继世长"，这是传统人家常常作为座右铭来张贴的对联。清代名士姚文田的一副对联"数百年旧家无非积德，第一件好事还是读书"，一经清末大家翁同龢、张元济等手书，成为古今名联，一直流传至今。读书可以使得许多家庭知书达理，读书可以使得许多家庭懂礼重情，读书可以使得许多家庭和谐乐道，更可以使得乡村、社区更加和谐。读以修为，乃是社会文明进步、家庭安逸温馨、个人全面发展的重要路径之一。

读以致乐——好之者不如乐之者

我对读以修为当然是十分推崇的，可是，从养成一个人的终身学习能力和习惯去考虑，从国家倡导全民阅读的实际效果去看，我认为读以致乐乃是我们全民阅读的最高境界。《论语》中有一句名言，即："知之者不如好之者，好之者不如乐之者。"我们借此可以把读以致乐的读书学习观说透了。在人们的阅读生活里，少年儿童只有"乐读"才不会"厌读"，老年人只有乐在其中才会手不释卷，只有当所有人都乐于阅读了，我们的国民阅读状况才会得到真正的改善。

说到读以致乐，我们的脑海里立刻就会浮现出中国人耳熟能详的一句名言："学而时习之，不亦说乎。"这是中国古代儒家第一经典《论语》开篇的话。境界很高的中国古代山水诗人，晋代的陶渊明有句名言："好读书，不求甚解，每有会意，便欣然忘食。"也把阅读的乐趣做了令人难忘的描述。宋代陆游是一位最崇尚读书的诗人，他关于阅读总的态度就是读以致乐，一句"天下无如读书乐"的诗句，可以成为他读书观的主要精神。

在全民阅读这一世界性话题中，"读以致乐"乃是最具普适意义的读书价值追求。

是的，在我们的传统文化中对读以致乐讲得很不够，苦读故事比比皆是，乐读故事却凤毛麟角，好像不在读书人群里折磨出几个死相来感动他人誓不罢休一样。以至于直到今天，一说到读书还有许多人悚然肃立，如临大敌，要么就不参加，要参加就发愤争先。每每想到这一点，我们就恨不得把读以致乐的重要性强调再强调。可以说，我们社会的全民阅读成败如何，首先就看能否让更多的读者读以致乐。乐读则成，不乐则不成，而况强读硬读苦读乎？让更多的人"享受阅读的乐趣"吧，这是全世界各民族共同推崇的阅读价值取向，我们中华民族的阅读者一定也会乐在其中的。

以上就是我在《阅读力》一书里归纳出来的阅读四大目的。尽管一些朋友夸赞我这一归纳，认为我是所谓阅读学"四大目的说"之第一人，可是我总觉得阅读四大目的的说法只是为着分析叙述的方便，远远算不上是一个精准的科学分类。实际上，人们的阅读行为，往往综合着多重目的和需要，不一定非要那么泾渭分明。我之所以要做这样的分类，除了为了分析叙述的方便，更是需要针对不同阅读目的而提出不同的阅读方法。

关于读书，我们认为最重要的还是要从一个人成长的全面需求来看阅读的必要性。因为正确认识阅读目的，是提高国民阅读力的基本要求，而提高国民阅读力的目的，则是提高国民素质的要求。《三字经》在这个问题上其实讲得很清楚："玉不琢，不成器；人不学，不知义。"只是因为《三字经》是儿童启蒙读物，也就不太为成年人重视和记取。成年人肯定认为自己已经学过了，已经知道世界和人生的许多意义了，不一定还是"人不学，不知义"了，读书学习的事情就不那么紧迫了，所以成年国民图书阅读率很难提高起来。

其实，说到底，阅读首先就是如何成为一个文明人的问题，是做人的基本要求和全面成长的必由之路。关于这一点，《论语·阳货》中孔子与弟子仲由（子路）的一段对话讲得很清晰：

> 子曰："由也，女闻六言六蔽矣乎？"对曰："未也。""居！吾语女。好仁不好学，其蔽也愚；好知不好学，其蔽也荡；好信不好学，其蔽也贼；好直不好学，其蔽也绞；好勇不好学，其蔽也乱；好刚不好学，其蔽也狂。"

译成白话文大意是：

> 孔子问："仲由啊，你听说过人有六种品德六种弊病吗？"仲由说："没有。"孔子说："坐下来。我告诉你。爱好仁德不爱好学习，他的弊病是受人愚弄；爱好智慧不爱好学习，他的弊病是行为放荡；爱好信誉不爱好学习，他的弊病是危害亲人；爱好直爽不爱好学习，他的弊病是说话尖刻；

爱好勇敢不爱好学习，他的弊病是犯上作乱；爱
好刚强不爱好学习，他的弊病是狂妄自大。"

后世认为孔子的学说乃是人生的哲学，上面这段深入浅出、入情入理的论述，实在堪称关于人的成长与读书学习关系的人生哲学的精辟之论。同时，又俨然是一位世事洞明、人情练达的智慧长者的深沉讲述，既阅人无数，又启人心智，意味无穷。

看上去，通过读书学习，可以养成仁德、智慧、信誉、直爽、勇敢、刚强六种品德。按说，一个人具有这六种品德已经算得上相当全面的了，可是，在孔子的心目中，人的品德何止这六个方面！在《论语》里，孔子还喜欢颜回坚守的品德——"一箪食，一瓢饮，在陋巷，人不堪其忧，回也不改其乐"；喜欢子夏博学的品德——"博学而笃志，切问而近思，仁在其中矣"，"仕而优则学，学而优则仕"；喜欢子贡通达的品德——"其'恕'乎！己所不欲，勿施于人"；孔子还喜欢弟子们乐于交友的品德——"乐多贤友"，喜欢弟子们以仁为理想的品德——"泛爱众，而亲仁"，希望弟子们德才兼备，以德为先——"入则孝，出则弟，谨而信，泛爱众，而亲仁，行有余力，则以学文"。如此等等，不一而足。

数千年来中华民族众多仁人志士的高尚品德值得今天的

青少年继承和弘扬。在中华民族实现伟大复兴的进程中，无论是城市还是乡村，无论是青少年还是成年人，无论是社会楷模还是普通百姓，都需要树立优良的精神品德，都离不开读书学习。

我们正在建设现代化强国。现代化强国最重要的条件是实现人的现代化，而要实现人的现代化，有赖于持续开展全民阅读。阅读有助于人们获取丰富的人文知识，构筑健康的情感世界，塑造健全的心理与人格、明晓做人的道理，形成良好的人文素养，阅读可以帮助我们在继承前人经验和了解新知识的基础上有所创造，有所发展，不断前进。

进入 21 世纪，人类社会的科学技术发展迅速，眼下很多人都在忙于学习掌握新知识、新技术。可是，在现代化社会，人的全面发展依然是不可或缺的追求。早在 1948 年，梁思成教授在清华大学讲演时就论述了"半个人"的缺憾：一种是掌握了丰富的科学技术，能够对客观物质世界作出比较准确的事实判断，却不能对自己的行为作出合理的价值判断，不能领悟人生的价值的灵魂残缺的"空心人"；一种是拥有一定的人文知识，却缺乏起码的科学素养，不能利用科学技术为自己为社会服务，这是被科技浪潮推到社会边缘的多余人即"边缘人"。"空心人"和"边缘人"都是"半个人"，而要避免成为"半个人"，实现人的全面发展，最根本的还是有赖于全民阅读。

　　书友们！为了中华民族实现伟大复兴，为了我们个人的成长和全面发展，为了建设我们的美丽乡村，为了建成中国式现代化强国，我们一起读书吧！

　　　　　　　　　　　　　　　　　2020 年 5 月 20 日

阅读力决定学习力 [1]

深入推进全民阅读，建设书香中国，要着力培养和提高全社会的阅读力；而要培养和提高全社会的阅读力，就要从培养和提高青少年的阅读力做起。青少年正处于学习成长阶段，培养和提高他们的阅读力，也就是培养和提高他们的学习力。阅读力决定学习力。青少年阅读力的提高势必直接有助于青少年学习力的提升，从而为建设学习型社会打下坚实基础。

---

[1]　本文系作者在 2023 "全国青少年读书行动大会" 上的演讲。大会系中国教育装备行业协会主办，天津市教育委员会等单位承办，于 2023 年 10 月 20 日在天津举行。

什么是学习力和阅读力

学习力很重要。著名的未来学家托夫勒曾经预言："21世纪的文盲将不是那些不会读写的人，而是那些不会学习、学过就忘，以及重复学习的人。"不会学习就是缺乏学习力，缺乏学习力就意味着是21世纪的文盲，这是多么严重的问题！我们讨论中小学生的教育和成长，最终都要归结到学习力的培养上。

学习力包括哪些内容？通常的看法是，学习力由三个要素构成，即：学习动力、学习毅力、学习能力。学习能力就是通常我们说的"听说读写"的能力，读是核心，写是目的，具体来说就是阅读、听课、理解、积累、思考、讲述、写作等方面的能力。

阅读力主要包括哪些内容呢？

我的看法是，阅读力由阅读兴趣、阅读习惯、阅读能力三个要素构成。其中阅读能力包括三种能力，即：阅读和理解知识的能力、分析和判断知识的能力、联系实际乃至联想创新的能力。

为什么说阅读力决定学习力

稍微注意观察研究一下，我们就会发现，凡是有阅读兴趣和阅读习惯的学生，他的学习动力和学习毅力都比较良好。有了阅读兴趣和阅读习惯的学生，其学习动力和学习毅力就已经接近优秀。具有良好的阅读能力，即阅读和理解知识能力、分析和判断知识能力、联系实际乃至联想创新能力的学生，也就意味着他具备应有的阅读、听课、理解、积累、思考、讲述、写作等方面的学习能力。

显然，阅读力的强弱决定学习力的高低。

为此，苏联教育家苏霍姆林斯基说："要使得学生变聪明起来的方法，不是补课，不是加大作业量，而是阅读、阅读、阅读。"

我国著名语言学家吕叔湘也曾经强调过学生阅读的重要性。吕先生说："语文水平较好的学生，你要问他们的经验，他们会异口同声说得益于课外阅读。"

著名的语文特级教师于永正老师说："只要我们让学生少做题，多读书，读好书，读整本的书，只要抓住'读写'这两条线不放，即按照教语文的规律去做，谁都能把语文教好，谁的学生都会有好的语文素养。"

给大家讲一个实例。

十多年前，吉林省吉林市丰满区教育局为了普查全区小学的教育质量，做了一次全区小学六年级学生的统一测试。测试结果出来，3000 多名学生中语文排在前 17 名的学生全部来自丰满区第二实验小学杨巧云老师的班级，杨老师班上其他学生也都排名靠前。而且这个班的学生数学成绩也都不错。这个情况引起了省教育厅教研室主任的注意，主任带专家组去做调研。杨老师在分享经验时说："六年来，我就带领学生做了两件事，一是读书，二是写日记。基本不布置家庭作业。"她拿出保留的一部分学生日记给专家们看。学生们写的日记，从篇幅上看，有长有短，长达几百字、上千字，短则只有一两句话。从内容上看，包罗万象，有记事的，有状物的，有议论的，也有写读书心得的。有一个六年级男生，写了一篇《三国演义》读后感《论关羽》，洋洋洒洒千余字，让主任大为惊叹。

省教研室主任总结道：杨老师的经验就是两个字"读写"，要再多说一点，就是"多读多写"。

于永正老师分享这个经验时说："提高孩子语文成绩其实很简单：少做题，多读书，好读书，读好书，读整本书，牢牢把握'读写'两条线不放。"于老师又说："靠读书成长起来的孩子，不仅结实，而且有可持续发展的后劲。"

以读为本，已经成为当今阅读教学的共同趋势。

在韩国青少年读书教育专家金明美撰写的《小学阅读能力决定一生的成绩》一书里有一个资料，也说明了阅读力与学习力的关系。

金明美在小学四年级和初中二年级各 32 名学生中，以第一学期期中考试取得前 5 名（A 类）和 21 ~ 25 名（B 类）的学生为对象进行阅读能力诊断，她发现：在阅读回想能力一项上，小学四年级的 A 类学生达到 89.2%，B 类学生是 79.3%；初中二年级的 A 类学生达到 88.7%，B 类学生只是 66.2%。在阅读推理能力一项上，小学四年级 A 类学生达到 92%，B 类学生只是 50%；初中二年级 A 类学生达到 89%，B 类学生只是 47%。在事实理解能力一项上情况略好，小学四年级 A 类学生是 100%，B 类学生是 87%，初中二年级 A 类学生也是 100%，B 类学生是 83%，差距不是很明显，这同时也说明两组学生的智商水平相当。前两项之间的差距明显，说明阅读能力与学习成绩关系密切。

在新颁布的《普通高中语文课程标准（实验）》里，我们可以看到关于语文学科四个核心素养的培养要求，即语言建构与应用、思维发展与品质、文化传承与理解、审美鉴赏与创造，学生要形成无论哪个方面的素养都离不开阅读。比如，审美鉴赏与创造，老师告诉学生们一些课文的某一部分内容很美，学生就能够形成审美鉴赏与创造的素养吗？其实，真正阅读文本时，有的学生可能觉得很美，但有的学生会觉得这种美肤浅；有的学生觉得文字表达得精准，但有的学生会觉得这部分内容语言单调。这些都是值得老师尊重的，也都是需要学生通过阅读才能获得的鉴赏能力。总之，培养学生良好的语文素养最根本的途径还是阅读。

怎样提高学生的阅读力

要提高学生的阅读力，首先要提高他们的阅读兴趣。阅读兴趣主要来自学生的好奇心。书籍最能满足他们的好奇心。物理学家爱因斯坦说："神圣的好奇心。"著名作家王蒙说他小学三年级读到一篇作文范文，里面描写道"皎洁的月光"，他第一次发现"皎洁"这个词，特别高兴。著名作家莫言说他小时候辍学在家，特别爱读小说，为了跟一个小孩借到一本古代小说《封神演义》，硬是答应帮那个小孩推了整整一个下午的磨。

有了阅读兴趣，还要养成阅读习惯。日本绘本之父松居直在《幸福的种子：亲子共读图画书》一书里写道：他千方百计地对孩子们的阅读习惯进行培养。他尽可能地把自己的应酬安排在晚上 8 点前完成。每天晚上，他准时带孩子们一起阅读。后来，孩子们养成了阅读的习惯，一到时间就自己找书来阅读。

养成习惯是一件非常重要的事情。习惯决定成败。阅读的兴趣发生变化，甚至转移，这是常有的事情，可是习惯却能使得我们人生中一些有意义的事情能持续进行下去。一个年轻人如果养成了良好的阅读习惯，那么他此后的成长，每一个阶段的阅读效果都不会差到哪儿去。我们要高度重视培养学生阅读习惯的养成。

我对山东省诸城市府前街小学姜蕾老师带领一年级学生阅读的实例做过考察，十分感动，颇受启发。

开学第一天，姜蕾老师精心准备一年级新生见面会，从新生见面会开始就要引发学生的阅读兴趣。首先，她让每位学生先到教室门前的名单中找到自己的名字，找到自己在班级的归属感。然后，她在每一位学生胸前贴上一个大大的爱心，爱心上面是老师亲手书写的孩子的名字。接着，她为父母和孩子讲故事《我的名字克丽桑丝美美菊花》。当这一切完成后，她要求每位孩子向同学、老师介绍自己的名字，把自己名字里的美好祝福与自己的愿望说给大家听。班上一片快乐气氛。最后，她带领学生们共读诗歌《今天不一样》，要求每位学生把自己的名字加到诗中去，骄傲而自豪地大声说出自己的名字。就这样，在如此融洽的师生、生生互动中，让学生们体验到与人交往的快乐，对新环境充满了自信，对阅读提升了兴趣。

开学第二天，姜蕾带领同学们共读故事《好饿的毛毛虫》。在讲故事的过程中，姜老师把故事中毛毛虫的名字换成了许多学生的名字，把毛毛虫努力吃树叶不断成长，转换为同学们不断"吃"书慢慢成长。这种转换就把故事与学生们的生活做了一番编织，让他们在潜意识中不自觉地进行了角色自居，仿佛自己就成了那只好饿的、每天不断吞食成长的"毛毛虫"。

第三天，针对有同学随意干扰别的同学的行为，姜蕾送给孩子们的故事是《乱挠痒痒的章鱼》。故事讲完了，她请同学们想一想：自己是不是一只乱挠痒痒的小章鱼？希望大家能够从章鱼的身上发现不足，以角色带入的方式进行自我教育、自我疗治。

第四天，针对同学们应当注意建立友谊，姜蕾选了《我有友情要出租》这个绘本和同学们进行共读。然后，她请孩子们把头一天布置要带的绘本拿出来，让大家用自己喜欢的方式，把绘本在班上"漂流"给别的同学，增进了同学之间的友谊。

第五天，姜蕾邀请科任老师、学生和学生的家长前来班上共读绘本故事《小阿力的大学校》。这个故事可以帮助一年级小同学和他们的父母了解新学校的生活，使得小同学们愉快地结识新的同学、新的老师、新的学校。故事还能帮助老师把安全感带给孩子，赢得孩子的信任，也能帮助父母们理解孩子内心的情感需求。

就这样，一年级开学的第一周，姜蕾用阅读引导同学们开始了阅读之旅。姜蕾发动学生的父母们建立"红月亮童书基金"，用基金买来了300多本绘本，在她布置的教室童书角整整齐齐地排好，等着孩子们来阅读。每天早上一进教室，迎接孩子们的是欢快的晨诵主题曲和好玩的儿歌、童谣。每天中午，姜蕾会早早来到教室，把一本本精美的绘本摆放在孩子们的桌子上，他们一进教室就可以开始阅读。而且，特别值得注意的是，姜蕾每天都会和同学们共读一个绘本故事，形成了良好的阅读习惯。

几乎所有的家长和老师都有这样的感受：当我们的孩子爱上阅读，那真是一件令人欣喜的事情；当我们的孩子对阅读毫无兴趣，那真是一件令人着急的事情。为什么？因为家长和老师们都知道，阅读在孩子的成长过程中具有极其重要的作用。不仅在孩子的语文学习上具有极其重要的作用，甚至在整个学习状态上都体现出一种正能量。金明美认为："培养阅读能力可以提高各科成绩。"事实上，阅读的作用是多方面的。如果从学生的全面发展来看，阅读还事关他们的心智发育和道德养成。读一本英雄人物的传记，可以激励青少年沿着英雄的足迹成长；读一本优秀的历史书籍，可以帮助青少年"学史明理、学史增信、学史崇德、学史力行";读一本优秀的文学作品,可以提升青少年的人文精神和审美能力;读一本优秀传统文化的经典,可以使得青少年更加热爱中华民族,传承中华民族精神;读一本科普佳作,可以提高青少年的科学素养,增强他们向科学进军的决心。

学生们有了强烈的阅读兴趣和良好的阅读习惯,我们还要注意培养他们的阅读能力。

阅读能力中最重要的是鉴赏、判断阅读内容的能力和联系实际乃至联想创新的能力。

要注意培养和提高学生鉴赏、判断阅读内容的能力,就需要带领学生在广泛的阅读中学会比较、鉴别、审美。"夏虫不可语冰,井蛙不可语海,凡夫不可语道",说的是一个人视野开阔将有助于提高鉴赏、判断能力。"观千剑而后识器","操千曲而后晓声","横看成岭侧成峰,远近高低各不同"。其意思都是强调有比较才有鉴别,多读书才能提高学生的阅读鉴赏水平。

我们尤其要注意培养和提高学生在阅读中联系实际乃至联想创新的能力。孔子说:"举一隅不以三隅反,则不复也。"可见阅读时学会联系实际、联想创新、举一反三的重要性。朱熹在"读书六法"中强调要"切己体察"。如果一个学生通过阅读能够认识到甲是甲,也有可能是乙,还可能是丙、丁,那他就能举一反三了，就算得上是聪明、厉害了！学生阅读力的核心能力是什么？说到底就是联系实际、联想创新。

读书要动手、动口、动心

为了提高学生的阅读力，我特别想强调，同学们的阅读不要太沉闷，不要像完成作业似的进行阅读，而要在阅读中增添更多的兴趣。我比较主张动手、动口、动心。

动手，就是我们主张在阅读时一定要注意做笔记，把自己的阅读思辨记录下来，把书中精华记录下来。古人说"不动笔墨不读书"，就是这个道理。还有，书中的好词好句也不妨记下来。有人反对学生阅读时记录好词好句，虽然反对得有一定的道理，可是，文学是语言的艺术，如果学生阅读时完全轻视语言的艺术，怎么可能把自己的文章写好？虽然，读书写作之本在思辨，学生首先要学会务本之道，可是，没有掌握好语言艺术的写作者也是很难表达好自己的思辨的。学生们只有广泛接触并积累语言材料，强化语言训练，多读、多记、多说、多听、多写，形成相对深厚的积累，不仅拓展文化视野，积淀人文素养，丰富思想内涵，还要优化语言运用能力，其阅读能力和写作能力才会来得扎实，才能够应对未来以阅读为基础的各种类型的考试。

动口，就是诵读。我们的古人特别强调诵读。唐代大文人韩愈就是"口不绝吟于六艺之书"。我们现在虽然不主张盲目诵读、死记硬背，从鲁迅先生的《从百草园到三味书屋》里，我们都知道有些诵读是让小孩子们很厌烦的事情。可是，作为一种阅读方法，诵读一些美好的诗文，也可以成为令孩子们感到愉快的事情，诵读还能实现阅读欣赏中的联觉效应，"书读百遍，其义自见"，诵读能够增进学生对文本的感悟。尤其在校园里，学生们开展更多的诵读活动，这无论对提高阅读力还是建设校园的阅读环境都有很大好处。

读书还要动心。青少年阅读一定要"动心"——读别人的书想自己的写作，阅读一定要联系实际，切己体察，联想创新，提升自己的思辨，丰富自己的思维，学生的学习力一定会得到相应的提高。为了鼓励学生们在读书时动心，老师们不妨更多地带领同学们交流读书心得，要让交流成为习惯，要帮助学生养成阅读交流的兴趣和信心，适时举行班级读书讨论会，提供更多让学生得到锻炼的机会。在读书讨论会上，老师要提倡学生带着发言稿发言——只要发言稿是他们自己写的就好，发言的成就感往往是学生继续学习的重要动力。随着学生们的心智成熟，同学之间的交流也自然会频繁起来。我们知道，学生们学习进步的途径是"听说读写"，一定要记住："读"是核心，"写"是目的。而读书动心，正是奔向"写"

这个目的地的开始。

我国基础教育正从"知识本位"走向"核心素养"时代，这一过程只能是阅读、阅读、再阅读。所以，相信我，阅读，不怕从零开始，只怕从未开始；阅读，什么时候开始都不晚！

阅读力决定学习力，这个观点对于青少年阅读特别重要。强烈的阅读兴趣可以增强我们的学习动力，良好的阅读习惯可以支撑我们的学习毅力，不断增强阅读能力则能直接提高我们的学习能力。少年智则国智，少年强则国强。青少年爱读书、读好书、善读书，未来的社会才会书香馥郁。提高青少年的阅读力，中国更有力量！

2023 年 10 月 20 日

现代阅读的悖论 ①

　　现代阅读的内涵，在我个人的理解中，有三个层次：一是全民的阅读。古代阅读多为个人阅读，或者是社会某些安排性的阅读，比如说科举，比如说书院的安排；我们所讲的现代阅读是全民的阅读，是指散居在世界各个角落的人都能享受阅读的乐趣。二是为了人的全面发展的阅读。这对于人的精神发育和健康是必需的、有益的。三是多种载体的阅读。随着时代的进步，人们的阅读载体发生变化，由原始的甲骨金石，到简牍布帛，再到纸质载体，都主要是单一载体的阅读。而现在，纸质载体与数字化阅读载体如手机、电脑、阅读器之类共存，阅读的多种载体构成了现代阅读的时代特点。

---

　　① 本文系作者于2015年9月在苏州举办的"2015年出版界图书馆界全民阅读年会"上的演讲，经南京大学信息管理学院硕士生曹娟根据记录整理而成。

现代阅读的终极人文关怀，是让每一个人有书读，愿意读，人人溢书香，处处有书香。社会发展和时代进步，不仅要看经济和民生的发展，同时还应当高度重视文化发展，重视文化发展就要重视阅读。人们要养成阅读的习惯，要将业余时间更多地用来阅读，借助阅读寻找自己的精神家园。

我们要讨论现代阅读的悖论，是因为阅读从来就不是一件简单的事情，尤其是现代阅读，有着全面的要求和多方面的矛盾，因而往往存在着许多悖论。所谓"悖论"，是指在逻辑上可以推导出互相矛盾之结论，但表面上又能自圆其说的命题或理论体系。实际上就是一种辩证思考。在倡导全民阅读的热潮中，现代阅读也需要有辩证的思考。认识到悖论的存在，可以帮助读者对书籍有更好的理解，辩证思考还可以使得全民阅读少走弯路，能够实现更好的效果。

"开卷"是否一定"有益"

"开卷有益"一词，出典于北宋人王辟之的《渑水燕谈录》卷六，说宋朝开国的第二位皇帝太宗赵光义曾给自己订立了每天阅览《太平御览》三卷的计划。在执行过程中，如因事耽误了，他便会在稍稍得空有闲的日子里追补到位。尝曰："开卷有益，朕不以为劳也。"

这段故事流传出宫廷之后，"开卷有益"便成为形容人们多读书，或勉励人好读书的典故。意思是说，只要多读书、好读书，就会在知识上、学问上有所得益。因此，在中国传统文化的语境中，我们一直提倡"开卷有益"，用它来鼓励和倡导人们阅读。鲁迅也很认同这个理念，曾经在《小说旧闻钞》中说过："开卷有益，信夫"之类的话。

北宋著名文学家、书法家黄庭坚有句名言："三日不读书，便觉言语无味，面目可憎。"我还没有达到这种境界，但一日不读，心下总有些忐忑，像是日子过得有些问题似的。我的读书启蒙来自我的母亲，20 世纪 60 年代初，她经常从宜山县（今广西宜州市）图书馆借书回家，我是跟在后面读。不过，这个时候的阅读很不完美，常常是书还没读完，就被母亲还了。她可能读得比我快，也可能她觉得书不好看就去还掉，但她一定会再借一本新书回来的。

刚读完初中，1966 年爆发了"文化大革命"运动，宜山县中学随即停课，学校图书馆也关了门。不曾想到，学校大闹一阵后，某一天，我发现有同学从校图书馆被撬开的窗户钻了进去看书，我简直是大喜过望，也偷偷跟着钻了进去。这是我平生第一次与这么多书在一起。那可真是书的世界，任意翻找书籍，让我有极大的自在感。选好几本书，我便把报纸铺在地上，躺在上面就看了起来。那种阅读比较零乱，有的书翻翻就扔了。读得最多的就是苏联小说，往往一本还没翻到一半，就拿起另一本来翻，可见那时候的浮躁。但我喜欢拥有如此自在的阅读机会。这样一来，虽说少了一点阅读的"饥饿感"，但读的效果其实并不太好。

最具有"饥饿感"的阅读时期，是发生在到宜山县德胜公社上坪大队插队劳动时期。在插队知青中有一个同学，他父亲是县里的干部，家里藏了一些好书，他经常捎些书到村里给大家看。有了他的带动，有些同学也把家里的书找来传阅。我家穷，基本上拿不出书来。那几年，有幸读到托尔斯泰、契诃夫、巴尔扎克、梅里美等的小说，一些中国古典文学名著，以及科学类书籍，如《物理学的未来世界》《宇宙之谜》《进化论及伦理学》等。那时是一种纯粹的阅读。为了读书，有时候就得在书主人规定的时间里读完一本好书，只好耍赖称病不出工。农民们也很宽容，并不在乎我们的出勤率。殊不知，这种喜爱阅读的习惯已在不知不觉中养成，而且对我未来人生的影响巨大。1978 年改革开放后，阅读与我的人生、事业紧密相连，成就了我今天作为"作家"和"出版人"的职业，也提升了我的思想境界和人文情怀。

在传统观念上，人们都说"开卷有益"，可摆在第一位的还是要有好书可读，否则就带来一个悖论：开卷非但无益，反而有害。为什么呢？书有好坏之分，读好书有益于人，反之无益甚至有害。如果读者一次次开卷无益，一次次被"低俗化""拼凑化"以及"伪书"搞坏胃口，一次次连呼上当，国民阅读率又如何提升起来？

如今出版业年出书量惊人，其中有大量的好书，却也充斥着相当数量的平庸书，更有一些"问题图书"。虽然事情的起因也许是为了铺品种、上规模，原属于正常的经营手段，然而，这些"问题图书"和平庸书搞坏了多少无辜读者的口味，损坏了行业的尊严和声誉，是显而易见的。在神奇的数字网络技术时代，开机就是八卦新闻闪出，请你点击扰你心绪，阅读中总有无关帅男靓女明星酷照跳出诱你而去，网络阅读的海量信息往往催你匆匆浏览而过，便捷的专业搜索肢解你全面阅读的乐趣。久而久之，消遣和娱乐成为阅读的基本追求，尤其是在年轻的阅读群体中，把玩的是只言片语和道听途说，追求的是离奇与刺激，享受的只是感官方面的愉悦。一切竟然来得如此容易，至于作品的内容、艺术、审美等是全然顾不上了，更不要问语句是否通顺、用词是否准确、修辞是否优雅。总之，许多读者已经失去读完一本完整的书的耐心。

因此，我想关于此悖论的问题，在我们大谈全民阅读的时代环境中，对于我们出版界、图书馆界也应该带来一种思考。出版社出的书能否阅之有益？图书馆的购书、荐书能否读之有益？全民阅读推广，向读者和公众推广阅读的，是否肯定都是好书佳作和有益书？

"经济好了"，是否"阅读一定就会好起来"

有人说，社会富了，经济上来了，所以群众就读书了，而且有些地方说，不用着急，只要把经济搞好了，全民阅读一定会好起来。这些说法只说对了一部分。因为经济发展了，社会有了余力，可以用来开展全民阅读，建图书馆，办书店，使得爱书的人随时有去处。如今，国家领导人提倡人人爱读书，社会各界呼吁全民阅读。各级公共图书馆购书经费激增，农家书屋、职工书屋、社区书屋全面铺开，对实体书店的扶持也在逐渐展开。出版业市场化、产业化发展，新书出版发行空前提速，数字出版、网络传播乃至云出版之神奇更是匪夷所思。畅销书推广手法不断出新，微博、微信营销已经算不上新鲜，与国际畅销书同步出版的故事已经司空见惯。按需印刷使得小众阅读得到贴身服务，网店售书使得读者足不出户就能得到心仪之书。民间写作热情高涨，自媒体的产生与发展，极大地鼓励人们阅读。微博阅读、微信阅读等多样化的数字阅读手段也在间接推广全民阅读。

"生活致富了，经济发展了，全民阅读的时代到来了。"

这句话，是对的，但又不完全对。为什么这么说？即使是在经济贫穷落后阶段，也有读书人，也有"读书热"。历史上就有好几个重要时期都是读书热潮。"三联书店"的前身"生活书店"，在全民抗战1937年至1939年这三年间出版图书数量最多，书店经常是"门庭若市"。邹韬奋先生在《患难余生记》里面写道：有一次，白崇禧过街看到那里挤着买东西，以为是卖戏票的，原来是生活书店在卖书。还有就是在"文革"后，20世纪80年代，整个近十年时间里，中国还都处于经济生活逐渐好转的时期，可对于阅读到处都处于饥渴状态。这种对知识的饥渴程度，较之今天对金钱的追求，有过之而无不及。当时，新华书店里几乎每天都是人头攒动，新书一本接着一本地出版上架，人潮一波接着一波地涌入。有些今天扔马路上都没人愿意弯腰捡起的书，当时必须大排长龙才能购得。马路上，公交车上，大树根儿底下，公园的各个角落里，都不难找到读书者的身影。

读书终究是非常个人化的事。这当中首先还是价值选择问题。一个人在成长期间，如果没有良好的价值取向，没有好的读书习惯，没有好的阅读趣味，没有好的引导，有时会反过来，越是有钱越不读书。因为越有钱越可以去做别的事情。按理说，自改革开放以来，国民阅读率应该是持续走高的，可依据中国新闻出版研究院所发布的国民阅读相关报告，竟然发现，在相当长一段时间里，我国国民阅读率呈持续下降趋势，与许多发达国家相比较，差距十分明显。有一个外国人说："在中国，通常一本书的价格还不如一杯星巴克咖啡，中国人宁可喝咖啡也舍不得花钱买一本书；不管经济怎么发展，中国人不爱读书，都是可以小瞧的。"事实上，我们的社会舆论当时对"中国人不爱读书"的说法虽有反应，却远没有达到激烈的程度。现在，却到了不能安之若素的时候了。"一个不读书的民族是没有希望的民族"，这个问题理应唤起全社会的紧迫感。

现在人们的休闲时间逐渐增多。胡适先生曾说过一句话，大意是：一个社会好不好，一要看对小孩子好不好，二要看对妇人好不好，三要看对休闲时间是怎么安排的。我们现在一提到休闲，就想到休闲经济，一想到休闲经济，就想到旅游，就会想到怎样通过旅游把一个地方的经济搞上去。人们的休闲生活安排也被引导到旅游规划上来。一周游览欧洲五国，十天游览欧洲七国，那是旅游吗？那是坐车巡视照相。各地政府极少有想到利用闲适时间组织多读点书，这就是我们社会价值观中存在的问题。改革开放以经济为中心是对的，这是基本国策，但是要全面建成小康社会，不能凡事都往经济上考虑，经济发展到一定程度，反过来应该是高度重视文化，重视人文的东西，这才是社会全面进步的表现。

如何变"悖论"为"真理"

怎么解决现代阅读中存在的悖论？最关键的还是要理解全民阅读的意义和内涵是什么。就是联合国教科文组织1995年发表的宣言：希望散居在世界各个角落的人——注意，这里说的不是人群，而是各个角落的人——无论是年老的还是年轻的，无论是贫穷的还是富有的，无论是患病的还是健康的，都能享受阅读的乐趣。全民阅读的主要意义就在这里，就是要让每一个人读书，人人溢书香，处处有书香，每一个角落有书香。

"书香"怎么来？"开卷有益"怎样成真理？怎样让人人喜欢阅读？

国民阅读率下降，责任既在社会，在读者与不读者，也在出版者，总之是责有攸归。有道是"剧院培养观众，观众选择剧团"，可衍生出"出版业培养读者，读者选择图书"之说。读书与出版，对立而统一，相互联系，相辅相成，乃至生死与共。食客不进餐馆，餐馆有责任，因为人总是要吃饭的；观众不看戏，剧团有责任，因为事实证明好戏总有大量观众；读者不读书，出版人当然有责任。不可轻言人心不古，世人好读不再。事实上，总有一些优秀畅销书，甫一问世，读者便蜂拥而至，常常令我们喜出望外。即便是一本普通常销书，只要出版人服务得好一些，读者往往也会渐次增多。读者天然公正，可爱而可敬。人类总归要读书，读书是人类生命的需要。可是，为读者出书，为读者服务，出版人做得还很不够，读者离我们而去自有他的道理。或许正因为我们深切认识到阅读对人生的影响，所以一直在努力寻找并出版更好的作品提供给读者，我以为这才是一个出版人应有的职业境界。我的出版文化观当中的一个基点就是"敬惜字纸，敬重读者，敬畏历史"。作为一个生产精神产品的出版人，要做到这"三敬"。现在有一些人是"三不敬"。"文章千古事，得失寸心知"。我要说，只要进入传播领域，就是"文章千古事，得失天下知"，我们要有为天下人做出版、替万世人留文章的责任感。

真正能够支撑人们阅读生活的东西，在我看来，一是书店，一是公共图书馆。公共图书馆在全民阅读中应当发挥更大作用。我曾于 2011 年去香港参加书展，知道香港的公共图书馆深得港人赞赏，为此特别注意了一下。在铜锣湾的香港中央图书馆里，儿童借阅区布置得像一个五彩缤纷的卡通世界，孩子们在这里享受的是真正的快乐阅读；成人阅读区设计得优雅温馨，其档次一点也不亚于中环的写字间，这里有柔软的沙发，可供读者整日读书。中央图书馆及全港公共图书馆一年中安排各种讲座、读书会和展览活动都在万场以上，目的都是吸引、帮助读者多读书、读好书。公共图书馆是一座城市一个社区最稳固最可持续的读书所在，它在全民阅读活动中的作用应当得到更大的显现。倘要深入了解一个国家的全民阅读状况，除去统计调查、问卷调查及随机调查，第一要去看一个个公共图书馆，看那里的藏书量，看那里的借阅量，看那里服务的创新项目。公共图书馆，乃全民阅读之魂！

全民阅读的关键在于人们首先要读，然后去深入理解。我们提倡多元价值取向的阅读。比如说，你可能只看武侠小说，没关系，武侠小说也可以真正使人快乐。有人就是想研究点历史，那就读一点历史。书宜熟读，但熟读的一定得是好书、有价值的书。所谓有价值的书既可以是通常所说的经典和名著一类的书，也可以是一本或几本优秀的专业类图书，甚至可以是一些高质量的知识普及书籍，但必须是同类书中的精品。只主张熟读，而不问书籍之优劣高下，以至于去熟读诸如《厚黑学》一类具有极大功利性、误导性的垃圾书，熟读许多既无趣又假话连篇的书，或内容质量都很不可靠的书籍，实在是对自己宝贵生命的糟践。"你熟读一部或者几部你最喜欢的文学名著，装在肚子里，你差不多就会写作了"。这是曹禺先生传授的写作奥秘，也是读书人读书的基本点。熟读须好书，但一定得是自己喜欢的好书。排除社会功利的目的，作为人生修养的重要手段，读自己喜欢的书是最基本的要求。对于自己没有兴趣的书，其书再好我们也难以读好、读熟。在读书上，哪里有兴趣，哪里才会有阅读，哪里才会有记忆。当然，兴趣可以养成。总之，在选取需要熟读的书籍时，兴趣实在是不可或缺的。

读书是一个人"生命的需要"

我讲一个真实的故事，是人民文学出版社老社长，现代作家、翻译家、出版家楼适夷说给出版社同事听的。在 20 世纪 30 年代初，楼适夷因为参加中国共产党发动组织的革命活动被捕进过监狱，当时监狱里难友们经常偷偷传阅一些书籍。一天清晨，有一本书传到楼适夷所在牢房的一位难友手上。这位难友是被判了死刑的，并且那天早上就要被执行，可他还是很专心地去读这本书。楼适夷当时就想，他马上就要结束生命了，读书还有什么用呢？后来他理解了，读书就是一个人生命的需要！每每想起这个故事，就感到自己在蹉跎岁月，尽管工作很忙，我还是要读书。"百战归来再读书"。

"花香何及书香远？"以读书为乐，以读书为荣，以读书为一种时尚，以读书为一种生活方式。英国著名小说家、戏剧家威廉·萨默塞特·毛姆说过："养成读书的习惯，也就找到了人生苦难的避难所。"一个人虽然远行离开了家乡，但在任何一个地方都可以通过读书找到自己新的家园，这就是哲学家们所说的"精神家园"，俗话说"有书不输"，全民阅读最终的目标应该是建设"书香社会"，使我们的生活中处处有书香，好书飘书香，人人都要爱上读书，国民文化素质才能得到极大提高。

2015 年 9 月

阅读是社会发展最重要的基础 ①

我很愿意在谈个人阅读之前讲一下全民阅读。

这些年我参与倡导和推广全民阅读，确实有一些朋友不太理解。我和一位资深的书业同仁在一个论坛上就全民阅读进行过对话。那是一位饱读之士，他表示不喜欢"全民阅读"这个说法。他说，咱们这里什么事都想搞成"全民"，与其要老百姓去读书，还不如让他们去跳广场舞要快乐些。我说，最早提倡全民阅读的可是联合国教科文组织，联合国教科文组织 1995 年的宣言说得很客观："希望散居在世界每一个角落的人……都能享受阅读的乐趣。"是希望人们享受阅读的乐趣。其实，普通大众，能读唐诗宋词固然好，只读民间山歌也很好，能读专业书当然好，只读大众小说也不差，总之是

---

① 本文系中华读书报记者"枕边书"专栏采访。

读总比不读好。

谈谈我的"枕边书"

我很喜欢"枕边书"这个说法。年轻的时候，特别是 20世纪 70 年代初，做插队知识青年的时候，我最喜欢遇到雨天不用出工，可以窝在屋里读书。广西山区雨多雨大，天亮时候有大雨，大喜过望，立刻躺回床上看书，甚至是饿着肚子读上大半天。后来，遇到一本好书，天晴也不出工了，佯称生病，躲在屋里抓紧读。那时候我读《进化论及伦理学》《物理学的未来世界》《众神之车》《宇宙之谜》《尼伯龙根之歌》《那玛衍纳的故事》，读巴尔扎克的小说，读梅里美的小说，读普希金的诗，也读手抄本小说。这些就是那个时期我的枕边书。

20世纪 80 年代我主要在写小说，枕边书先是沈从文的《湘行散记》《沈从文小说选》，钱锺书的《围城》，加西亚·马尔克斯和略萨的小说，后来又迷恋上《李健吾创作评论选》。

近 20 年来，年纪大了，腰腿不好，不再喜欢依床而读，枕边已经很少放书。枕边书已经改成案头书。案头书经常变化。近来的案头书是费希尔的《阅读的历史》、曼古埃尔的《阅读史》、普鲁斯特的《阅读时光》和王余光主编的《中国阅读通史》，还有卡尔维诺的《为什么读经典》、《红楼梦》

王蒙评点本、《三国演义》李国文评点本。

做插队知青时最喜欢下雨天看书，喜欢古人说的"晴耕雨读"。现在我还是最喜欢雨天读书。平时，我喜欢清晨读书。清晨空气清新，人的头脑清醒、精力充沛，阅读起来效率比较高。此外，这几年外出讲学比较频繁，养成了在航班上、高铁上读书的习惯。只身出行，无人叨扰，阅读的感觉比较爽。

"真正了不起的书"

作为一个中国读者，我认为"真正了不起的书"是《论语》和《道德经》。早在 2500 多年前，《论语》就能把人世间那么多事情的关系和价值说得那么透，直到 21 世纪的今天人们依然感到有用，让人诚服；《道德经》更是把天地间的规律和思维说得那么精深，是真正的博大精深！这两本书真正称得上中华文明的元典，还有《庄子》，也都完全称得上人类文明的元典。

所有已经流传于世的作品，不管事实上完成与否，都应该就是那个样子了。有人要给雕塑断臂维纳斯接上断臂，至今也只是一个笑话。都说《红楼梦》高鹗续书是狗尾续貂，其实高鹗续写过的 120 回本就是那个样子了，可我们还能幻想有别的人能续写得更好吗？从唯物论的观点来看，没有伽利略，后来也会有人发现日心说；没有牛顿，后来也会有人发现万有引力定律；如果没有莎士比亚、汤显祖、曹雪芹，也还会有相当层次的大作家出现。可是，可以肯定，那就不会有《哈姆雷特》《牡丹亭》和《红楼梦》这样的传世经典了。是不是这个道理？文化创造的不可重复性就在这里。

最有意思的书

我读过的最有意思的书，外国的是马克·吐温的《汤姆索亚历险记》，中国的是张天翼的《大林和小林》。这两部作品太有意思了，是那种让我惊喜的快乐。

还有些书对我的思维影响很深，像外国的有叔本华的《作为意志和表象的世界》、卡夫卡的《城堡》，中国的《庄子》、吴敬梓的《儒林外史》、鲁迅的《鲁迅杂文选》，还有黄仁宇的《万历十五年》。

从小家穷，全靠母亲从图书馆借书回来，才有了少年时期的课外阅读，后来就养成了积攒书籍的嗜好。弄得现在家里书满为患，可也还是舍不得卖。以后希望捐赠给家乡。

我写过一篇随笔《值得重复读的书》，谈过这方面的感受。《鲁迅杂文选》就值得重复读。王蒙的《中国天机》和李国文的《中国文人的非正常死亡》也值得重复读。值得重复读的书往往具有这样的特点，随时打开来，随便翻到哪一页就能读起来，读下去。

所有我见过的作家中，对昌耀的印象最为深刻。著名诗人昌耀，原名王昌耀。少小参军进军青海，后来遭遇政治冤屈，颠沛流离在青海垦区，在深重困境中坚持写诗。他的诗凝重、苍茫、激情，一直保有知性张力，我敢说他是新时期有数的杰出诗人中的一个。他活得很苦，一脸的沟沟壑壑，可是对人是那么谦和。我原来打算在漓江出版社给他出版一部诗选，可我后来调离岗位，未能遂愿，直到 1999 年我主政人民文学出版社，看到人文版的"蓝星诗库"中选了《昌耀的诗》，十分欣慰，只是那时斯人已逝。

我现在也还在买书，很喜欢买书！买书有一种快感，看到一本有意思的新书就觉得像看到有火花迸发。现在大多数时候是网店购书，主要买口碑比较好的书。

2020 年 11 月

去书店买书意味着什么 [①]

1

祝贺"实体书店点亮北京文化之光"论坛成功举行!

2010 年,北京的实体书店遭遇了一波史无前例的倒闭潮。

在这次倒闭潮中,标志性的事件是北京的大型民营书店第三极书局、北京最著名的人文学术书店风入松,以及号称拥有全国最大连锁渠道的民营连锁书店光合作用,在两年内相继停业倒闭。

除此之外,上海、杭州、广州各地,都有不少民营书店没能撑过 2011 年。

[①] 本文系作者在北京市委宣传部主办、中国新闻出版传媒集团承办的"实体书店点亮北京文化之光"论坛上的演讲记录。

2011 年末，《人民日报》发表了我作为全国政协委员参政议政的专题文章《5 万元何以压垮一家书店》，反映风入松书店倒闭的情况，发出国家有关部门扶持实体书店的呼吁。

2010 年前后几年，整个书店行业堪称"冰河时代"。全国工商联书业商会调查数据显示，全国有近五成的实体书店在 2002 年至 2012 年期间倒闭。光是 2007 年到 2009 年，民营书店就减少了 1 万家。

我去查了一下早年的报道，当时媒体主要把这波倒闭潮归因于京东、当当、亚马逊的图书价格战。

不少网龄比较早的朋友都还记得，早年这几家打图书价格战的时候，满 200 减 100，全场最低三九折，购书满 99 送免费图书一本。实体书店被波及，成了电商价格战的牺牲品。

党的十八大以来，我国全民阅读进入新时代。全民阅读连续进入《政府工作报告》。实体书店迎来了新的发展机遇。从 2013 年开始，为了扶持实体书店，财政部、国家税务总局发布了《关于延续宣传文化增值税和营业税优惠政策的通知》。通知宣布自 2013 年 1 月 1 日起至 2017 年 12 月 31 日，免征图书批发、零售环节增值税，每年能为书店减少 13% 的增值税负担。而这项优惠经历了两次续期，已经延续到了 2023 年。全国和各省区市都有扶持实体书店的财政政策，力度不一，可是都给人以希望。

实体书店的发展，根本上来自书店运营思路的改变。出售文创产品，或者直接在店里开咖啡店，不管是文创还是咖啡，赚钱都比卖书容易多了。只要书店能够生存下去就好。实体书店要生存真的要靠做出自己的特色来，纯靠图书销售来和电商竞争实在是太不靠谱了。电商不管是库存成本还是流通性、多样性、便利性上面都完胜实体书店。但是如果有丰富有趣的活动，很多读者还是会考虑进去逛逛的。换言之，逛书店可能会成为和看电影、逛街一样性质的休闲娱乐活动。近十年来，很多实体书店都在努力改变经营思路，并初见成效。

2

为什么要高度重视实体书店的发展？因为实体书店是全民阅读和书香社会的重要基础和不可或缺的设施，是一座城市的文化名片和文化之光，是广大市民休闲阅读、交流信息的重要场所，是城市文化形象和精神气质的重要标志。

从 2016 年起，全国实体书店触底反弹，新增了 7000 家实体书店。2020 年重新进入低谷，那是新冠疫情造成的。即便如此，北京市还拿出 1 个多亿的市级财政资金扶持实体书店，各区还有配套资金支持。实体书店达到 2055 家，有 72

家实体书店进入美团，使北京市获得了我国"书店之都"的光荣称号。全国实体书店由 12 万家增加到 14 万家。

3

我在这里奉上一个最不具有营销价值的建议，那就是：我们要广泛宣传一个理念，那就是——去书店买书意味着什么？

去书店买书，这是养成阅读习惯很好的办法。我有一个偏见，买不买书，是衡量一个人喜不喜欢读书的标准之一。

一般来说，没有喜欢买书而不喜欢读书的人，也没有喜欢读书而舍不得买书的人。现在买书也有讲究。去书店买书和上网店购书，后者似乎来得便捷，可是，前者蕴含着许多我们将难以享受到的用户体验。用户体验是什么？就是一种无法言说的期待和期待的被满足感。你本来是为寻找一本已知的书籍而去，可是，你会在书店不期而遇大量的好书，特别是那些新近出版的好书，成队列阵般地在书店中心地带迎接你，你瞬时被唤起潜意识里的"惊艳"，激情难耐，以至于你不得不唤醒自己的知识和理性，重启选择之旅。还有，书店里往往还有许多常设的经典，安静地排列在稍稍靠后的书架上，一直是经典的矜持和厚重态度，让你不得不在它们面前昂起头颅浏览和沉思。最后，也许你在书店里只是选购了有限的几本心仪之书，也许你一本书都没有购得，然而，离去后，书店里那无比丰富的书籍信息将会长时间萦绕在你的心头。

去书店买书，意味着你是一个有阅读兴趣和阅读习惯的读书人。

去书店买书，意味着你是一个热爱书香而且身上洋溢着书香的人。

去书店买书，意味着你是一个有着优雅生活情趣的人。

去书店买书，意味着你是一个愿意与更多读书人相处的读书人。"独学而无友"，"独读书不如众读书"。

去书店买书，意味着你是一个愿意以一种公益精神来支持实体书店，支持你所在城市、街道、社区的宝贵而亮丽的文化名片。

只有去书店买书，我们才有缘得见人头攒动的盛况——譬如在午夜等待《哈利·波特》新作面世的队伍。

只有去书店买书，我们才有缘得见那些名著、畅销书的作者——他们不只是鸡与鸡蛋的关系。只有去书店买书，我们才有缘得到作者们的亲笔签名。

去书店买书，还意味着你将会接触到比书籍有更多信息的读书人。

去书店买书意味着什么？下面我还想说得更为激进一点。

带孩子去书店买书，如果你是一位父亲、母亲或者爷爷、奶奶，意味着你是一个倾心培育孩子阅读能力的好家长。

去书店买书，如果你是一位公务员，意味着你是一个热心支持实体书店的好干部。

去书店买书，如果你是一位文化系统的工作人员，意味着你是一个尽职尽责的优秀工作人员。

去书店买书，如果你是一位热情参与全民阅读的读者，意味着你是一个非常愿意为书香社会做贡献的优秀读者。

去不去实体书店买书，可以成为一个好读者是否关心城市文化发展的重要标志。

作家陆天明曾经这么表达自己对书籍的感觉："什么东西都代替不了阅读。即使不买书，也要经常去书店待一会儿，在那里能感受到灵魂的纯净，有一种升华感。"是的，去书店待一会儿，灵魂就有一种升华感，那么，多去书店吧，在书店的书香里，养成的将不只是阅读的习惯，更是我们灵魂的纯净。

有读者说，我会带孩子去的，陪他坐地上看半天书，临走再给他 20 元，让他选一本最喜欢的书带回家，这生活真幸福，成本呢，很低吧。

不要让孩子在网上买书，如果家长买好书快递送家里，孩子就体会不到在书店饱览群书的美妙了，也以为书来得太容易，所以家长们要选择去书店。

我们小时候享受的幸福，孩子也一样喜欢，也许他长大后只在网上买书，但我想他仍然喜欢儿时阅读的快乐，如同我们一样。

现在周末，问孩子想如何安排，排第一、第二的选择就应该是：我们去书店吧。

我们不要以为书店只是卖书的地方，它的意义远不止于此。书店是一种文化综合场所，读者们可以在这里参加各种各样的活动，比如儿童的故事会、互动会、签售会、文化课程以及阅读会，还有举办迷你型的演唱会。要让孩子喜欢上书店，让孩子在书店快乐读书。

4

民国年间为文化人传为美谈的"合肥张家四姐妹"（张元和、张允和、张兆和、张充和），人称"张家四兰"。以兰花比喻四姐妹，不仅因为四姐妹都酷爱昆曲，还因为她们读书学习、言行教养堪称大家闺秀。关于张家如何教养四姐妹，已经有不少图书作过介绍。其中有一点我以为对今天的家长们应当也有启示意义，那就是四姐妹的父亲进书店买书堪称传奇。

四姐妹的父亲是当时苏州乐益女子中学创办人张冀牖。他不仅是一个潜心读书、用心办教育的知识分子，在子女的培养上也十分投入。即使家里到处都是书，他还是特别喜欢买书。每到上海买书，便一家书店接一家书店地买，身边跟着佣人帮忙拎书，到后来实在拎不动了，就一一寄存，全部买好后，再雇车一家家地去收取。在苏州购书，观前街两家大书店"小说林"和"振新书店"，老板都成了他的朋友，只要他来，老板、伙计都跟在他身后，陪着挑选。此外，凡是平时店里有新进的书，也不用他来，不用言语，直接成包送到张家府上。这些书中，最多的要数"五四"以来的文学作品。当时正是一个新思潮涌动的时期，他认真阅读每一篇观点新颖的作品，其中鲁迅的书，他一本不落，创造社、狂飙社的作品，包括戏剧新著，他都通读。父亲看书不但影响了四姐妹，连家里的佣人、保姆时间长了也都染上书卷气，喜欢上了读书认字。

可见，进书店，买图书，对一个人、一个家庭和家中很多人都会产生良好的影响。许多时候，阅读习惯就在这过程中养成。

2021 年 9 月 17 日

读书应当是一个人生命境界提升的需要^①

好书探：您从什么时候开始感到全民阅读推广的重要？您曾在全国两会期间，联合 31 位新闻出版界的委员提出《关于开展全国全民阅读活动的建议》，那是哪一年，您能具体介绍一下当时有关提案的情况吗？后来您还提过哪些与全民阅读有关的提案，能谈一谈吗？

聂震宁：1997 年，我国文化界、图书馆界提出以全民阅读为主要内容的知识工程，从那个时候起我就开始关注全民阅读状况。进入新世纪，我在人民文学出版社做社长时，曾经写过关于全民阅读推广的文章。中国新闻出版研究院自 1999 年起开始组织我国国民阅读调查，记得当时统计的结论

---

① 本文系中国出版传媒商报记者"好书探"的访谈录。

是，1998 年国民阅读率为 60.4%，后来 2000 年下滑至 58%，而到了 2006 年就已经降至 48%，我国国民阅读率持续走低。这些调查统计引起社会各界的高度重视，作为出版人，我觉得自己有一个很重要的任务，就是要加强阅读推广，所以才有 2007 年我们政协委员的这个提案。

在 2007 年 3 月全国两会期间，全国政协新闻出版界 31 位委员提出的《关于开展全国全民阅读活动的建议》，确实是我起草的。为此，我也就被称为第一提案人。具体建议内容包括：第一，从国家到地方，成立各级阅读指导委员会，组织开展全民阅读活动；第二，整合现有的各种系统的读书活动，各种与全民读书相关的机构都要为此作出公益性的贡献；第三，设立国家读书节，把这一天定为一年一度全国书博会的开幕日，全国书博会的主题就是全民阅读；第四，把 2008 年定为我国读书年，组织开展形式多样的全民读书活动，希望经过长期努力，使得阅读蔚成风气。

显而易见，我们建议的是开展全国全民读书活动，全国性和全民性是这个建议的关键词。当时这个提案还被某些文化名人误读为我们主张读书也要过节，还有文化名人说"读万卷书，行万里路"，不能只提倡阅读，还应该有蓝天和大好河山，等等。其实，提倡开展全民阅读活动的目的，最重要的就是服务国民阅读，提高国民素质，它并不具有排他性。

我做了 15 年的全国政协委员,每年都会提出两三个关于阅读的提案。到第十二届五次会议,我的最后一个提案是《关于在我国中小学设立阅读课的建议》。中小学阅读现在已经成为课程改革的重要内容,要求学生在校期间要有相当的阅读量。随着全民阅读广泛开展,国家将有一代又一代读书人成长起来。在中小学设立阅读课的建议,不仅是为了加大学生的阅读量,更重要的是,要让学生掌握阅读方法,提高阅读能力。

好书探:到 2022 年,全民阅读已经第九次写入《政府工作报告》。全民阅读已经成为政府主导、社会参与、全民践行的活动,建立书香社会正在成为社会各界的共识。作为全民阅读活动的主要倡导者和领读人,您能谈谈多年来从事全民阅读推广一路走来的心得体会吗?特别是近十年的全民阅读推广活动有哪些发展?您觉得目前全民阅读推广活动有什么误区和值得注意的地方?

聂震宁:由于我比较努力推广全民阅读,所以经常受邀前往全国各地参加全民阅读推广活动,举办关于全民阅读的讲座。特别是 2017 年生活·读书·新知三联书店出版了我的阅读学专著《阅读力》之后,收到的邀请更加密集,几乎每年都要讲 40 ～ 50 场，经常是连轴转。我能感受到，每个我所到过的城市，那里的读者都对阅读充满热情，这对我是一种鼓舞，所以我的写作也就不断地往前推进。从《阅读力》到《阅读的艺术》《阅读力决定学习力》，接着又出版了《爱上阅读》，这些都是根据读者的需求而写的。比如说《爱上阅读》，就是 2020 年 12 月在郑州进行全民阅读推广讲座时，很多家长问到学龄前儿童的阅读习惯该怎样培养，要求我谈一谈。家长的心情都很急迫，因为孩子的成长非常快，时间耽误不起。

全民阅读推广十多年来，社会的变化是非常明显的。全民阅读不断往前推进，各地党委政府重视程度大幅提高。前不久，我去北京市丰台区宛平街道，给北京阅读季丰台区"领读者"计划上首期培训课，觉得学员们都非常认真地听课，笔记做得也相当好。我认为，全民阅读推广人的培训应该全面展开，因为推广人不仅要有热情，还要有专业素质。

需要注意的是，全民阅读推广千万不要成为政绩工程。我在《阅读力》一书中就提出，全民阅读推广也要高质量发展，要创新，更多关注应转向阅读价值本身。不能由于当前社会主流价值引导和召唤大家都来读书，让阅读也有可能变成一种社会时尚，结果很可能发展成了文化盲从。就是说，阅读季来了，阅读周来了，阅读日来了，大家都去参加一些文化活动，听听讲座，读读好书，当然这是好事，不无裨益。可活动结束后，回到家里还是该做什么做什么，书却还是不怎么读。久而久之，活动组织了不少，会开了不少，但是阅读并没有真正地深入开展下去，没有接到地气。在全民阅读活动开展得如火如荼的时候，需要警惕这种倾向。我们不要一阵风式地搞活动，也不要节日狂欢式的闹腾，而要实实在在地去读几本书。

好书探：记得您曾强调全民阅读推广主要倡导的应该是非功利性阅读，为什么这么说？今年《政府工作报告》中对全民阅读的表述从"倡导全民阅读"到"深入推进全民阅读"，这意味着全民阅读推广工作进入新的阶段，您觉得未来的全民阅读推广工作，会产生哪些新趋势、新变化？

聂震宁：中国古代有"万般皆下品，唯有读书高""书中自有颜如玉，书中自有黄金屋"的说法，显然这是把读书视为功利性较强的活动。现在我国的国民读书现状中很大程度上也还是功利性阅读，比如为考试，为升学，为就业，为解决工作中的问题，等等。这种阅读追求、阅读动力固然无可厚非，可是，如果作为国家提倡的全民阅读，这样的阅读价值就显得过低了。全民阅读应该是一种社会的需求，是一种风气的提倡，是一种精神的召唤。阅读虽然是一种国民的自由选择、自我把握的事情，可是，这样的自由选择、共同提倡的风气和精神的召唤，应当体现出现代社会人文精神的共同提倡，目的是形成主流社会更好的人文素养。真正的阅读不仅是知识性的读书，更应当是素养性的读书。

我们现在提倡的全民阅读，是要帮助全体人民爱上读书，享受阅读的乐趣。2022 年 4 月 23 日，首届全民阅读大会在北京召开，习近平总书记在致大会开幕的贺信中提出三个希望，即希望广大党员、干部带头读书学习，修身养志，增长才干；希望孩子们养成阅读习惯，快乐阅读，健康成长；希望全社会都参与到阅读中来，形成爱读书、读好书、善读书的浓厚氛围。

我们热切期待全民阅读大会每年举办一次①。全民阅读大会的举办，给全国各地的全民阅读推广活动树立了标杆。党的二十大召开后，我国全民阅读活动将进入新阶段。各级党委政府会更加重视全民阅读活动的开展。与此同时，全民阅读推广活动将出现更为明显的分众化趋势，比如乡村振兴计

---

① 迄今为止，全民阅读大会已经连续举办三届，举办地分别为北京、杭州、昆明。

划中的乡村阅读，特殊群体的阅读，各行业的阅读情况将会
受到更多关注。尤其是青少年学生的阅读，下一步应该受到
高度重视。

我们还期待未来会有更多的专业人士加入到阅读推广行
列中来。开展全民阅读，饱读诗书的人不可以袖手旁观，我
们社会上，许多饱读诗书的人，应该更多带头读书，推广阅
读。我们期待加强阅读推广队伍建设。这一点江苏省就做得
很好。江苏省一直在开展全民阅读推广人持证上岗培训。阅
读推广人要具备一定的专业知识，才能更好地开展工作。

好书探：您的《阅读力》一书目前已经是第十二次印
刷了，可见受到读者欢迎。是什么原因让您提出"阅读力"
这个概念？

聂震宁：2016 年初，我忽然做了一个决定，要把对社会
阅读问题的研究重点转移到阅读力研究上来。而在此之前的
十年里，我只是在提高国民阅读率、改善国民阅读状况方面
做些事情，为此写下过数十万字的文章，结集成《舍不得读
完的书》出版。促使我把注意力转移到阅读力研究上来的因
素是多方面的。有一次，我在南方一所"211"大学与大学生
们座谈读书生活。在提问阶段，一位女同学问道："我是中文

系的学生。但我很想读哲学书，可总是读不懂，请问老师怎么办？"我告诉她，阅读要循序渐进，要弄懂一些基本概念，要找这方面的老师请教，在老师的指导下去阅读一两本哲学入门书籍。接着，我又说，提高阅读力需要长期的训练，提高阅读力需要更多的阅读实践。我的回答没有引起同学们的掌声。会场上比较静寂，尴尬的静寂。我意识到我的回答很难令大家特别是那位女同学满意。而当时我的回答只能是这个水平，因为那时我在阅读问题上的兴趣还停留在鼓励更多的人来读书上，而这位同学和在场的更多同学却希望我能告诉他们如何才能提高阅读能力。

了解到大学生们对于提高阅读能力的强烈需求，我启动了阅读能力的研究之旅。我国大学生如此急迫地提出阅读能力问题，可见他们已经深感自己在这方面的不足。按说，一个人进入大学学习阶段，应当具备了比较好的阅读能力。可是，很长时间以来，我国大学生在成为大学生之前，深陷应试教育的桎梏，而我们的应试教育又严重地脱离阅读能力的培养。例如，动漫书、绘本应当是小学三年级以前学生的主要读物。可是很多小学高年级学生也在阅读动漫、绘本，甚至不少中学生也在轻轻松松地读动漫。很显然，这就是阅读力弱化的表现。一些大学生直到上了大学，才开始关注自己阅读能力的养成。我们知道，欧美发达国家的国民教育早就比较普遍地提倡"席明纳"（Seminar，即"研讨会"）教学方法，这是一种起源于德国并广泛应用于欧美学校教育的教学模式，强调以学生为主体，培养学生的综合能力，尤其在大学教学中广泛运用。采用"席明纳"教学方法，往往是以学生大量的阅读为基础。而我们的中小学教育正好是不以学生的阅读作为基础，而是以老师讲课、学生听课为基础，以知识点的掌握和应试能力的培养为基础。在我们的应试教育模式下，中小学生从上学开始，就基本上告别了自主阅读，而跟随着老师的讲课和作业成长。进入新时代以来，这个问题正在得到改变。在国家提倡开展全民阅读的形势下，中小学学生的阅读广泛开展起来，教育课程改革深入推进，中小学生的阅读状况正在得到很大改观。

近年来，我以《如何提高阅读力》为题发表过多场演讲。我发现，较之于过去演讲阅读的其他问题，听众明显注意力更为集中。我明白，这是因为许多人急于想掌握提高阅读力的方法。一个阅读者，对于阅读的历史、阅读的内涵及其文化意义有了比较正确的认识，在此基础上，又能掌握阅读的科学方法，其阅读力才可能得到较大提高。阅读力，其实就是思想力、创新力的基础，是教育力、文化力的一部分，一个人是如此，一个社会更是如此。

好书探：随着《家庭教育促进法》的推出，会出现更多的家庭阅读、亲子阅读；而在"双减"政策的落实过程中，也会涌现更多的校园阅读、师生共读。您最近推出了《阅读力决定学习力——提高阅读力的 11 堂课》《爱上阅读——学龄前儿童分级阅读》两本书，这两本书是您专为家长和老师写的，两书之间有什么联系吗？儿童分级阅读在我国还处于起步阶段，为什么说儿童分级阅读不能等同于分龄阅读？

聂震宁：《阅读力决定学习力——提高阅读力的 11 堂课》于 2020 年 10 月面世时，有一些读者问我，为什么不是 12 堂课？因为人们习惯把 12 当作一个整数。当时我说，还有一堂很重要的课没有写，这就是"0 ~ 6 岁儿童的阅读课"。如今，虽然学龄前儿童的阅读早已开始，可是还不够广泛。我经过研究发现，这主要是 0 ~ 6 岁儿童的阅读指导的科学性和实践性不足，其中分级阅读的科学性和实践性尤其不足。因此，指导学龄前儿童阅读的书籍已经出版不少，可是还需要继续深化。

阅读是一门科学，0 ~ 6 岁儿童的阅读更是一门科学，这当中有生理学、心理学、认知科学、社会学等。譬如，孩子为什么总喜欢撕书咬书，孩子识字了为什么却不爱阅读，孩子看书为什么总是走神，孩子为什么总喜欢重复阅读一本书，为什么孩子在阅读中总要提出许多"为什么"，等等。家长还关心：怎样挑选适合孩子阅读的图书，怎样根据孩子的性别选择图书，是不是孩子阅读数量越多越好，怎样给孩子讲好一本书，怎样帮助孩子养成阅读习惯，这些都是人们经常提出的问题。分级阅读不能简单地等同于分龄阅读。分级阅读要关注孩子从 0 ～ 6 岁认知能力分别有些什么特点，这当中有什么样的敏感期，如何针对孩子的认知特点带领他们开展有效的阅读。在孩子阅读中面临着这么多怎么办，全都是科学，全都是实践，全都是家长们需要解决的问题，在《爱上阅读——学龄前儿童分级阅读》这本书中，我都努力作出了解答，希望给家长和孩子提供一些切实的帮助。

2022 年 10 月

不断完善全民阅读中国模式 ^①

1

我国在对外宣传中将"全民阅读"的英文译作"Nationwide reading"，直译即为"全国范围的阅读"。而到目前为止，查阅世界各国尤其是为阅读立法的许多国家，其法规文件的名称均没有使用"Nationwide reading（全民阅读）"，而只是"Reading（阅读）"。可是，在中国，阅读与全民阅读这两个概念是有区别的。

我们来看联合国教科文组织对于全民阅读的提倡。

1972 年，联合国教科文组织向全世界发出了"走向阅读

---

① 本文系作者于 2024 年 8 月 29 日在中国出版协会"全民阅读论坛"上的演讲记录。

社会"的号召，提出了"书为人人（*Books for All*）"的倡议。1995 年又将每年的 4 月 23 日确定为"世界读书日"，并且在 1997 年正式发起"所有人的阅读（*Reading for All*）"项目，并在世界范围内推广。中国特色社会主义的一大特点就是国家许多重大活动统一部署、统一落实，也就是"全民性"，即为"Nationwide（全国范围的）"。我国主流权威媒体将"全民阅读"译为"Nationwide reading"，显然突出强调了全民阅读中国模式的主要特点，即开展全国范围的阅读。

2

我国是把"阅读"和"全民阅读"的内涵区分得比较清楚的。

"阅读"是泛指人们日常的阅读，是古往今来的各种阅读，而"全民阅读"，则是指改革开放新时期特别是新时代以来所提倡的全民的阅读，亦即英文译作的"全国范围的阅读"。"全民阅读"最早见于的中央部门文件是 2006 年 4 月中宣部等 11 部门联合发出的《关于开展全民阅读活动的倡议书》。其实，在我国的权威媒体上，早在 2000 年就已经出现了"全民阅读"这一提法。

我国全民阅读理念的提出，反映了人类社会阅读的发展与变化。从古至今，阅读是从"少数人的特权"向"所有人的权利"发展的过程。全民阅读的理念建构在中国特色社会主义道路、理论、制度、文化之上，凸显了中国特色社会主义的文化根基、文化本质和文化理想，标志着对中国特色社会主义有着更加明确而开阔的文化建构，鲜明体现了中华文明具有突出的连续性、创新性和统一性。经过新时代十多年来的部署和实践，全民阅读基本形成相对完整的中国模式。

3

下面我们来大致了解一下，世界上许多国家为提倡阅读有哪些举措。

曾经发生过 18 世纪阅读革命的法国，确定每年 3 月为全国性的"图书与阅读月"，并在 1989 年首次举办了"法国图书节"活动。此后，每年 10 月 14 日至 16 日，作为国家所倡导的"阅读狂欢节"，鼓励读者通过阅读与别人的思想相遇，分享书籍之美和阅读之快，以及文字书写与文学创作之乐，并吸引平时因种种原因疏远了书本的人，重建人们对书籍和阅读的兴趣。

在世纪之交，德国涌现了 200 多个促进阅读的社团组织，其中成立于 1988 年的"德国促进阅读基金会",其历任名誉主席都由德国总统担任。自 2006 年起,在德国一些地区的孩子一出生,就会得到当地公共图书馆赠送的"阅读礼包",内装以塑料、木质乃至布料为质地的"玩具书",以开发和陶冶其"书籍情意"。

曾经发生过 18 世纪大众化阅读革命的英国,其大规模的社会阅读推广活动始于 20 世纪 80 年代末。英国政府选择以颁布系列纲领性文件的方式倡导社会阅读。英国文化、媒体以及体育部,英国博物馆、图书馆及档案馆理事会等机构颁布了《未来的架构:下一世纪的图书馆、学习与资讯》《卓越的蓝图:公共图书馆 2008—2011:将人们与知识和灵感相连接》等一系列阶段性纲领文件,指导社会团体开展具体的阅读推广活动。在世纪之交,鉴于儿童阅读能力日渐退化之忧,英国提出"举国皆为读书人"的目标,并确立 1998 年 9 月到次年 8 月为"英国阅读年",2000—2002 年,由博物馆、图书馆陆续推动了 16 项读者发展计划。英国为"阅读起跑线"项目设立"图书信托基金会",国家通过立法或制定专项政策来保障、推动、支持社会阅读的开展。

英国高度重视公共图书馆的行业规范,早在 1850 年就颁布了《公共图书馆法案》,鼓励地方设立免费的公共图书馆,促进大众对信息和阅读资料的免费获取。2001 年英国又制定了全国性的《英国公共图书馆服务标准》，并将其中一些指标纳入地方政府考核指标《最佳价值绩效指标》。

丹麦这样的"文化小强国"，早在 1920 年就颁布了《公共图书馆法》，并分别于 1987 年、1994 年对该法律作了修订。2000 年 5 月 24 日，丹麦议会又通过了《图书馆服务法》，规定公共图书馆应通过向公众提供图书、期刊、有声读物、视频资源和其他材料来推动本国信息、教育和文化活动的发展；规定城市之间可通过协议形式提供图书馆共享服务，应努力通过建立分馆或服务点等形式，尽可能提供图书馆服务；公共图书馆必须努力通过参与普通馆际互借服务，为用户提供本身并不具备的资料；市公共图书馆必须与公立学校图书馆建立合作关系；规定部分类型图书馆开展有偿服务的权利。

俄罗斯民族素有家庭藏书的古老传统。据说，其家庭书房的藏书总量曾经超过公共图书馆藏书总量的 10 倍以上，户均藏书近 300 册。可是，随着时代变迁，俄罗斯人的家庭藏书意识和读书习惯正在不断消失。为遏止这种"人文灾难"的蔓延，俄罗斯 2006 年制定并颁布《国家支持和发展阅读纲要》，从 2007 年开始召开每年一届的"《国家支持和发展阅读纲要》全国会议"，与会者来自政府、出版商、学校、图书馆等机构，对该法律的实施效果展开讨论，提出次年规划。

美国于 1996 年实施"美国阅读项目",在社区中开展鼓励孩子及成人读书的活动。该项目的目标是让所有孩子到三年级时能掌握基本的独立阅读技能。公共图书馆是实施"美国阅读项目"的重要场所,因此公共图书馆的读书会都要围绕着培育阅读兴趣、提高阅读水平而展开。1997 年克林顿政府提出《美国阅读挑战计划》,当年末,掀起了一场"阅读挑战行动",并建立一支由百万公民自愿组织的辅导队伍。1998年,美国颁布第一部青少年阅读法案——《卓越阅读法案》。2001 年布什政府提出《不让一个孩子落后法案》,法案内容主要包括保证每一个孩子都能阅读、提高教师质量等。2002年美国正式实施《不让一个孩子落后法案》,2008 年又修订了这一法案,并于 2009 年颁布《复苏与再投资法案》,为儿童早期阅读教育投入 50 亿美元。美国政府还立法对公共图书馆的服务标准提出要求《图书馆服务与建设法案》和《图书馆服务与技术法案》等。立法着眼于公共图书馆的建设和服务,以立法的形式对阅读资源的获取、阅读场所服务标准等做出了详细规定。

在亚洲,具有良好阅读传统的以色列,2000 年,以色列教育部与文学教学监督组推出面向小学生和初中生的"阅读之乐"计划,目的是激发学生的阅读动力和乐趣,将学校转变为阅读社区。2001 年,以色列推行"五年基础教育改革计划"，把阅读放在教育改革计划的核心地位。以色列教育部推出面向中小学生的"图书巡游"计划，要求学校教师和图书管理员组织各类体验式阅读活动，鼓励儿童和青少年学生阅读。2010年以色列推出"读书月"计划，计划期间各大城市举办大量的诗人、作家、艺术家与读者的见面交流活动，每年都有数十万市民参与其中。

日本在20世纪末开展"图书节""读书周""图书馆周"以及"儿童读书周"等种种活动，并把2000年定为"儿童阅读年"。为了推动青少年阅读活动，日本政府出台了多部法律。1997年日本修正了学校图书馆法，规定学校规模只要超过12个班级，必须配备专职的图书馆员，并且拨出特定经费，用以充实学校图书馆藏书和改善设备。为了扭转大部分学生读书时间减少的倾向，2001年，日本文部科学省出台并实施了《儿童阅读推进法》，规定各级政府有责任和义务为儿童自主读书活动创造环境。2002年，日本又制定了《关于促进儿童读书活动的基本规划》，政府决定投入650亿日元给学校，用于购买图书，改善晨读环境。日本推广学生晨读的做法一直持续进行。日本政府从20世纪90年代起，开始积极推广儿童阅读活动，每天早上学生正式上课前先安排10至15分钟阅读图书。据日本晨读推进协会统计，2005年暑期，日本全国晨读实践学校达到20005所，总实施率约为51%。

韩国 1994 年制定《图书馆和读书振兴法》，2006 年依据《图书馆和读书振兴法》成立图书馆与读书振兴委员会，隶属文化体育观光部，并由该部门负责制订阅读推广 5 年基本计划；增加现有机构的职能。2009 年韩国制定《读书文化振兴法》。

新加坡国家图书馆管理局于 2005 年首次举办了"读吧！新加坡"活动，多方面鼓励国人多看书，享受阅读乐趣。2007 年 1 月，新加坡还推出了旨在提高小学生的阅读兴趣和能力的"小学生阅读计划"。主办者推出了一本适合本地小学生阅读的定期刊物，并且设立了一个配合刊物的学习网站。

印度的基层文化运动致力于帮助印度贫困儿童，基层文化运动组织与印度州政府共同领导的"阅读吧，印度"计划，主要针对 5 到 13 岁的儿童，旨在帮助改善印度青少年儿童的受教育水平，这些儿童中有一半人尽管上学却不会阅读或不会做数学题。这项运动通过在各校开展"学会阅读活动"并为教师提供阅读和学习材料，被认为是打破印度贫困儿童与家庭文盲状况恶性循环的低成本方法。

为了应对社会阅读危机，许多国家采取了各种促进社会阅读的举措，主要是：

1. 各种社会团体开展阅读活动，倡导和促进社会阅读；

2. 在国民教育中加大青少年阅读含量，不断强化阅读的重要性；

3. 通过立法促进社会阅读，以明确开展社会阅读的政府机构和社会团体的责任，确定支持社会阅读的资金保障和社会阅读的主要项目。

4

我国全民阅读活动则具有以下若干主要特点：

一是高度重视全民阅读活动的顶层设计，全面持续推进全民阅读立法。

早在 2006 年 4 月，中宣部等 11 部门联合发出《关于开展全民阅读活动的倡议书》，倡议全国各地、各有关部门要开展丰富多彩的读书推广活动，为全民阅读营造良好的读书环境。

2012 年 11 月，中国共产党第十八次全国代表大会的报告提出"开展全民阅读活动"。这是党的代表大会首次部署开展全民阅读活动。全民阅读作为一项国家发展战略在新时代正式提出。

2014 年 3 月，在第十二届全国人民代表大会第二次会议上，国务院《政府工作报告》提出"倡导全民阅读"。这是《政府工作报告》首次部署全民阅读活动。到 2024 年，《政府工作报告》已经连续 11 年对全民阅读作出部署。

2022 年 10 月，中国共产党第二十次全国代表大会的报告提出"深化全民阅读活动"，标志着我国全民阅读进入到建设中国式现代化强国的新阶段。

通过制定相关法律和国家发展规划，促进、保障全民阅读。

2016 年 12 月，原国家新闻出版广电总局发布《全民阅读"十三五"时期发展规划》，这是我国首个"全民阅读"国家规划。规划提出了举办重大全民阅读活动，加强优质阅读内容供给等十项主要任务，确定了 28 个全民阅读重点工程和项目。

2021 年 3 月，十三届全国人大四次会议表决通过的《中华人民共和国国民经济和社会发展第十四个五年规划和 2035 年远景目标纲要》明确提出了"深入推进全民阅读，建设书香社会"的远景目标。

2013 年，国务院决定将制定全民阅读促进条例纳入立法计划。2016 年 2 月，原国家新闻出版广电总局根据国务院立法工作计划起草的《全民阅读促进条例》（征求意见稿）向社会发布。据悉，此项立法工作目前仍在积极推进。

2015 年 1 月，《江苏省人民代表大会常务委员会关于促进全民阅读的决定》在江苏省正式实施，这是我国第一部全民阅读的地方性法规。全民阅读立法工作首先在地方实现突破，地方全民阅读立法工作已经陆续开展起来。到 2023 年，已有 12 个省区市为开展全民阅读制定了地方性法规。

2017 年 3 月，第十二届全国人民代表大会常务委员会第二十五次会议通过的《中华人民共和国公共文化服务保障法》正式实施。其中明确要求各级人民政府应当充分利用公共文化设施，促进优秀公共文化产品的提供和传播，支持开展全民阅读。全民阅读第一次被国家法律正式纳入，具有了国家法律地位。

2018 年 1 月，由第十二届全国人民代表大会常务委员会第三十次会议通过的《中华人民共和国公共图书馆法》正式施行。该法对公共图书馆的设立、运行、服务以及相关法律责任等分别做了详细规定，其中对公共图书馆为全民阅读提供服务提出了明确要求。

二是将全民阅读列入各级政府工作职责并予以落实检查。

2019 年 11 月，中宣部召开的全国全民阅读工作经验交流会在深圳举行。十年前，中宣部等部门曾在深圳召开"全国全民阅读活动经验交流会"，时隔十年，会议名称已经改成"全国全民阅读工作经验交流会"，从"活动"改成"工作"，全民阅读已经成为中央和各级政府的职责和工作任务。

2020 年 10 月，中宣部印发《关于促进全民阅读工作的意见》(以下简称《意见》)，全面部署促进全民阅读工作。《意见》提出全民阅读工作的重点任务，主要是加大阅读内容引领、组织开展重点阅读活动、加强优质阅读内容供给、完善全民阅读基础设施和服务体系、积极推动青少年阅读和家庭亲子阅读、保障特殊群体基本阅读权益、提高数字化阅读质量和水平、组织引导社会各方力量共同参与和加强全民阅读宣传推广等。《意见》成为各级党委政府促进全民阅读工作的重要指导性文件。全民阅读成为各级党委政府的一项工作，成为事关新时代治国理政的一项任务。

新时代以来，各省区市把全民阅读工作纳入经济社会年度工作进行检查和考评，依照法规和上级文件要求，部署、落实全民阅读工作，并进行切实督导、检查、评估，确保全民阅读落到实处。

三是重视阅读内容引领，加强优秀出版物供给和公共阅读空间建设。

我国出版业长期以来开展的"中国出版政府奖"优秀图书评选、"精神文明建设五个一工程"优秀图书评选和"中华优秀出版物奖"优秀图书评选以及文学界开展的"茅盾文学

奖""鲁迅文学奖"等优秀文学作品评选，为全民阅读推送了
大量优秀读物。

自 2013 年起，由中宣部指导，中国图书评论学会主办的
"中国好书"月度、年度好书评选，通过好书推介传递正能
量，推动和引导全民阅读，为加强全民阅读优秀读物供给做
出了很大贡献。

"时时有好书，处处能读书"，这是书香社会建设的基本
目标，公共阅读空间建设正在成为全民阅读需要切实落实的
重要任务。

农村的农家书屋建设，首先解决了农村有没有书的问题。
截至 2012 年，全国累计投入资金 180 多亿元，建成农家书屋
58.7 万家，基本覆盖全国所有行政村，惠及近 7 亿农村居民。
经过近 10 年的发展，截至 2019 年 6 月底，全国开展数字化
建设的农家书屋数量达到 12.5 万个，约占全国农家书屋总量
的 1/5。许多数字农家书屋把农家书屋变成了 24 小时书屋，
弥补了偏远地区农家书屋报纸不能及时投递的不足，而多媒
体的内容呈现形式对文化程度不高的农村居民增强了吸引力。

2016 年 12 月，为加快公共图书馆服务的均等化进程，中
央五部委发布《关于推进县级文化馆图书馆总分馆制建设的
指导意见》。新世纪启动的我国公共图书馆总分馆建设，在新
时代广泛展开，并直接推动了县级文化馆图书馆总分馆制的

建设和实施。

许多城市图书馆将分馆建设成了城市书房。城市书房成为新时代全民阅读新景象，受到全民阅读工作的重视，国家新闻出版署表彰的 2021-2023 全国全民阅读优秀推广项目 30个，其中三分之一是城市书房项目。

进入新时代以来，全民阅读活动在全国开展"全国最美阅读空间""全国最美书店"和"全国最美农家书屋"评选表彰，目前，31 个直辖市、自治区在评选活动中都有项目入选。这些评选活动在全民阅读阅读空间建设中起到了良好示范带头作用。

四是组织开展重点阅读活动，不断丰富以阅读为核心的综合性文化服务。

2022 年世界读书日，首届全民阅读大会在北京举行。习近平总书记为首届全民阅读大会开幕发来贺信。习近平在贺信中指出，希望广大党员、干部带头读书学习，修身养志，增长才干；希望孩子们养成阅读习惯，快乐阅读，健康成长；希望全社会都参与到阅读中来，形成爱读书、读好书、善读书的浓厚氛围。首届全民阅读大会围绕"阅读新时代 奋进新征程"主题，通过开展一系列展览、论坛、读书活动，持续推进全民阅读走实走深。

2023 年世界读书日，第二届全民阅读大会在浙江杭州举行。大会聚焦"深化全民阅读 建设书香中国"主题，在首届大会的基础上又有许多创新，产生了良好而持续的影响。

2024 年世界读书日，第三届全民阅读大会在云南昆明举行。大会以"共建书香社会 共享现代文明"为主题，举办了全民阅读系列宣传推广活动，深入探讨阅读与城乡发展、阅读与民族团结等话题。

中宣部、农业农村部、教育部、文旅部和全国总工会、全国妇联、全国残联、共青团中央等多家中央国家部门还分别举行形式多样的阅读活动，其中有在农家书屋工程基础上的"新时代乡村阅读季"活动、"全国青少年学生读书行动"、"职工书屋"建设、"家庭亲子阅读"活动、"盲人数字阅读推广工程"等。坚持"热"在基层、"热"在群众，营造全国活动引领、地方活动各显特色、社会团体积极参与、多种媒体广泛传播、阅读活动遍布城乡村的生动局面。

2023 年 3 月 27 日，教育部、中央宣传部等八部门联合印发《全国青少年学生读书行动实施方案》，就全国青少年学生开展读书行动的指导思想、基本原则、工作目标等总体要求以及丰富学生读书内容、创新读书行动载体、健全读书长效机制、认真做好组织实施等具体要求作出了全面部署。这一实施方案的贯彻落实可以看成是全民阅读活动中一个十分重要的基础性部署。

五是突出强调全民阅读的全民性，高度重视开展社会重点人群和特殊群体的阅读。

2006 年，中宣部和原新闻出版总署等部门对开展"书香中国"活动作出部署，要求让更多的出版物进机关、进企业、进农村、进学校、进军营、进社区、进家庭（即全民阅读"七进"），要建设书香社区、书香校园、书香家庭、书香机关、书香企业、书香农村、书香军营。从此，全国 31 省区直辖市都相继开展以本省区市命名的书香活动。

2022、2023 年国家新闻出版署两次正式发布的"年度全民阅读优秀项目推介工作入选项目""北京'阅读驿站'""职工驿站：数字阅读服务""武警部队书香军营建设""书香飘万家：全国家庭亲子阅读活动""背篓图书馆""耕读双峰：进校园活动""全民阅读与融媒体智库""我是你的眼：公益助盲行动"等项目入选，表明全民阅读正朝着"全国范围的阅读"的方向深入推进。

少数民族是我国民族和人口构成中的重要组成部分，少数民族的阅读也自然成为我国全民阅读工作的重要组成部分。2017 年 3 月 1 日起施行的《中华人民共和国公共文化服务保障法》明确指出国家扶助民族地区的公共文化服务，促进公

共文化服务均衡协调发展。2020 年 10 月中央宣传部印发的
《关于促进全民阅读工作的意见》对开展民族地区等特殊群体
的阅读提出了明确要求。新时代以来，"天山书香""书香高
原""草原书屋""书香宁夏""书香八桂""书香青海"等活
动在民族地区各具特色地开展起来。

5

我国全民阅读发轫于新世纪，在新时代作为一项国家战
略有了较大发展，前后也还只有 20 多年时间，目前正行进在
深入推进的新征程上，虽然形成了相对完整的中国模式，可
距离"书香中国"建设的目标还有长路要走。我们今天的讨
论，乃是为了进一步完善全民阅读中国模式并予以深化，让
全民阅读为中国式现代化建设做出更大贡献。

2024 年 8 月 29 日

寻觅书香

文化强国必定是书香社会

2020 年注定是难忘的一年，不仅是因为百年未遇的新冠疫情，还因为这一年是中国脱贫攻坚决战之年，也因为这一年是我国"十三五"规划成功收官之年。2021 年肯定是希望的一年，不仅是因为全人类都希望新冠疫情能在这一年尽快结束，还因为这一年中国将宣布全面建成小康社会，也因为这一年是我国"十四五"规划开局之年。

十九届五中全会明确提出，经过"十四五"时期乃至未来 15 年的努力，我国将建设成为社会主义文化强国。作为多年来一直参与全民阅读倡导和推广的一个出版人，我为此感到异常兴奋。

2035 年建成文化强国，也就意味着，那时的中国，必将是书香的社会。试想，倘若那时我们国民阅读状况还没有明显改善，倘若那时的中国还不是书香社会，那么，说是建成了文化强国难免要打折扣。因为，文化强国不只是文化产业产值有多大，也不只是建成了多少高大上的文化设施，尽管这些都很重要，可是更重要的是，我们社会要有较高的公共文化服务水平，社会文明程度要有明显提高，特别是国民的思想道德素质、科学文化素质和身心健康素质要有明显提高。因而，到那时，书香社会则将是水到渠成的事情。

对于这一点，我们应当保有信心。

党的十八大以来，我国的全民阅读进入到了一个新的阶段。连年全国两会《政府工作报告》对全民阅读作出部署。2016 年发布的"十三五"规划纲要提出"大力推动全民阅读"，将全民阅读工程列为国家八大文化重大工程之一。2016 年底和 2017 年，国家通过两部法律《公共文化服务保障法》和《公共图书馆法》，明确提出要支持和保障全民阅读。2019 年 11月，中宣部在深圳召开全国全民阅读工作座谈会，总结全民阅读工作经验。2020 年 10 月中宣部印发《关于促进全民阅读工作的意见》，全面指导和部署各地各部门开展全民阅读活动。这些都充分表明，全民阅读已经成为一项国家发展战略。

经过中央、各地区、各部门的协同努力，党的十八大以来，全民阅读已经发展成为一项政府主导、社会参与、全民践行的群众性活动，在全民阅读设施得到很大改善的基础上，呈现出遍及全国城乡、多方参与、形式多样、协同推进的特点，全民阅读形式如家庭阅读、亲子阅读、图书馆阅读、书店阅读、社区阅读、机关阅读、企业阅读、农家书屋阅读、读书会阅读等丰富多彩。尤其是在全民阅读普遍开展的同时，我国大中小学的校园阅读也蓬勃开展起来，这必将成为全民阅读可持续发展的重要条件。

全民阅读取得的成效，在 2020 年突如其来的新冠疫情中意外地受到了检验。

许多专家认为，全民阅读成效的主要检验方式就是看阅读能否成为人们的一种生活方式。全民阅读倡导者和推广人为此做出过很多努力。然而，疫情暴发后，阅读很快就在社会上得到广泛的提倡，居家阅读成为人们首选的生活方式。网上迅速出现以读攻"毒"的各种信息。许多数字平台的阅读量陡增就是明证。据 2020 年 2 月 17 日《微信战"疫"数据报告》统计，疫情期间，微信读书用户每百人比上个月平均多读 110 本书。许多出版机构免费赠阅电子读物、免费畅听文学名著、免费开放数字资源、免费提供中小学名师网课。其中人民文学出版社的"人文读书声"有声店铺于 2020 年 1 月 30 日为读者提供一大批免费优秀经典名著有声版，此外还免费为学习强国平台提供 70 种有声读物。商务印书馆开放了 3000 种、中国社会科学出版社开放了 1400 种中外学术专著电子版提供给读者免费阅读。人民教育出版社主动开放数字教学资源，把基本上涵盖中小学全学段、全学科的教科书和教书用书近 600 种的电子版全部免费上网。

疫情期间，很多省区市以"4·23"世界读书日为契机，在线上线下开展读书月活动。"书香中国·北京阅读季"开展了一系列线上阅读活动，在京出版机构、图书馆、实体书店以及一些知名读书会开展一大批内容丰富、形式新颖的线上阅读活动和文化服务，其中最受欢迎的是讲座直播、好书分享等。"上海书展·阅读的力量"2020 特别网聚于 2 月 22 日 20 时正式启动，以"中央舞台"和"专业分会场"为平台，为市民读者精心推选限期免费书目听读、书目推荐、名家导读、大众书评、音乐赏析等内容。我国绝大多数公共图书馆都在尽己所能开展线上服务，图书馆界数字网络化建设得到了有效检验。

疫情期间，网上还出现了一些"爱'国'青年"，即热爱国学阅读的青年，在 26～35 岁青年中，有 69% 的男青年喜好国学古籍。有的读者还在媒体上列出自己分类阅读的经典书目："中国的脊梁"——读鲁迅《且介亭杂文·中国人失掉自信力了吗》等；"上医医国"——读唐代孙思邈《备急千金要方》等；商贾救亡——读《淮南子·人间训》《抗日战争史》等；围绕生态问题——读《老子》《墨子》《周易》等。

不能不承认，2020 年疫情期间的社会阅读景象，与十多年前全国抗击非典时期的社会阅读状况相比较，确实取得了很大进步。

纵观党的十八大以来全民阅读取得的重大进展，近距离考察 2020 年抗疫期间全民阅读景象，为我们进一步做好全民阅读工作，建设书香社会提振了信心。

进一步提振我们信心的还有中宣部印发的《关于促进全民阅读工作的意见》(以下简称《建议》)。《建议》对全民阅读做出了进一步部署，要求到 2025 年，基本形成覆盖城乡的全民阅读推广服务体系，具体要求包括：一是优质阅读内容供给能力显著增强，二是全民阅读基础设施建设更加完善，三是全民阅读法治化建设取得重要进展，四是细化对特殊群体阅读权益保障的具体要求 。同时，《建议》对未来五年全民阅读还提出了一系列工作任务，主要是加大阅读内容引领，组织开展重点阅读活动；加强优质阅读内容供给；完善全民阅读基础设施和服务体系；积极推动青少年阅读和家庭亲子阅读，保障特殊群体基本阅读权益；提高数字化阅读质量和水平；组织引导社会各方力量共同参与；加强全民阅读宣传推广。同时要求各级党委政府要加强对全民阅读的评估督导。这些工作任务具体且有着很强的针对性，是全民阅读工作更高的标准，必将有力指导全民阅读工作的开展并将取得更为突出的成效。

  2021 年新年伊始，向着"十四五"发展规划乃至未来 15 年建成文化强国远景目标的征程已经开启。未来之文化强国必定是书香的社会。我们将以更高的标准去建设书香社会。

2020 年 12 月 29 日

书香社会与社会的书香

谈到阅读，有两句古诗我喜欢引用，一句是"腹有诗书气自华"，另一句是"最是书香能致远"，虽然无论从文采还是意境上前者都要略胜后者一筹，可都是好诗句，因为都很能说明阅读的重要性，而且似乎流传得都比较广。我们知道，"腹有诗书气自华"出自苏东坡的《和董传留别》一诗，可"最是书香能致远"却出身不明，一直查不到究竟出自古代何人的哪首诗作，上网百度也查不出所以然来，让人颇有点儿悻悻然。

尽管来历不明，可并不影响我继续喜欢"最是书香能致远"这句诗，因为它颇为契合我在全民阅读上的理念，还因为"书香"正在成为当下的高频语词，国家正在号召"建设书香社会"。

"书香"一词能在明清以来一些文章中不时得见，"书香门第""书香世家"等一类说法比较常见。到了 20 世纪 90 年代,"书香"一词在人们生活中渐渐流行起来,其中最具代表性的是广东省创办了名为"南国书香节"的全国性书展,这个书展一直延续到现在,是国内较大规模的书展之一。

2008 年,中宣部、原国家新闻出版总署等部门组织开展全民阅读的"书香中国"建设工程,很快就在全国各地铺开,以"书香中国"为统领,"书香中国·北京阅读季""书香江苏""书香荆楚""书香中国·上海周""南国书香节"等在省区市举行。党的十八大以来,全国开展"书香之家"评选活动,迄今为止已经评选出三届共 3000 家全国"书香之家",与此同时,各地还评选出本地数量更大的"书香之家"。"书香社会"一词迅速流行起来。2015 年国务院《政府工作报告(征求意见稿)》提出"倡导全民阅读,建设书香社会"。2019年 8 月 21 日,习近平总书记在甘肃省检查工作时指出:"要提倡多读书,建设书香社会,不断提升人民思想境界、增强人民精神力量,中华民族的精神世界就能更加厚重深邃。"

书香社会建设正在受到全社会的高度重视。那么,什么是书香社会? 2015 年,新华社发布的"《政府工作报告》新词汇注释"作过解释:"指优质出版物供给更加丰富,社会基础阅读设施更加完善,特殊群体基本阅读需求得到更好满足,社会主义核心价值观深入人心,在全社会形成爱读书、读好书、善读书的良好风尚。"此后，还有不少学者对书香社会的内涵进行探讨，而其中让我留下深刻印象的是著名教育家朱永新先生的意见。他在《我心中理想的书香社会》一文中指出，书香社会"至少有四个方面：人人溢书香，处处有书香，时时闻书香，好书飘书香。用这四句话就可以评估一个区域，一个社会，是不是书香社会"。这四句话不仅贴切，而且可爱、好记。

我比较喜欢永新先生描绘书香社会的四句话，在全民阅读推广的演讲中我常常会引用，可是，又觉得用这四句话还没法"评估一个区域，一个社会，是不是书香社会"。为什么？因为，书香社会建设是没有止境的，通过全民阅读达到国民素质和社会文明程度的提高也是没有止境的，"好书飘书香"好评估，可怎样才是"人人溢书香，处处有书香，时时闻书香"，恐怕不好说。正如永新先生所说的，这四句话是他"心中理想"，对于理想的描绘可以诗意一些，而对于书香社会的内涵，要对一个区域、一个社会是不是书香社会作出评估，还应当做一些具体讨论。

社会首先是由各种空间组成，而根本上则是人的生存方式。评估一个区域、一个社会是不是书香社会，虽然最终要看国民素质和社会文明程度的状况——"人人溢书香"，可这是一个静水流深的过程，还需要做出长期不懈的努力，那么，最直接可以评估的则是社会的各种空间，因为这是一些比较显性的对象。

建设书香社会，可以从社会各种空间的书香做起。

社会的各种空间，按照人们日常生活的轨迹分类，大体可以分成三类，即：私人生活、家庭生活的空间为第一空间，学习场所、工作场所为第二空间，第一空间和第二空间之外的社会活动场所则是第三空间。书香社会，在第一空间里，总归要有一些书籍吧，否则第一空间连书籍都没有，如何称得上书香社会？在第二空间里，也就是学习场所、工作场所，无论如何也要有书香的存在。学习——通常是指学校，教育部门正在开展书香校园建设并且取得了比较明显的成效，在党政机关和事业单位也比较好解决，而对于各种企业，则需要提出更加明确的要求。至于第三空间，人们社会生活这个最广大的空间里有没有比较好的阅读条件，公共交通、餐厅、宾馆、影剧院、社区活动室、文化馆、公共图书馆乃至各种娱乐场所和公共办事场所有没有书香，总是给人们留下特别深刻的印象，应当成为书香社会建设作出更多投入的地方。

对于人们生活的第一空间，书香社会建设一直在加大对"书香之家"建设的推动力度。不过，"书香之家"评选所起到的作用还只是带头示范作用，而真正要使得人们生活的第一空间有书香，还需要做出覆盖面更大的努力。虽然要改善第一空间的状况难度最大，有待于经济社会的发展和人们经济条件的提高，可是，现在不能被动地等待，因为这是书香社会最接近人们生活的一项指标，一定要有所作为。现在，全民阅读工作已经把家庭阅读和亲子阅读确定为一项重点工作，那么，条件成熟时，书香社会建设就可以对家庭书籍拥有量进行考评，借此促进家庭阅读和亲子阅读的开展。

对于人们生活的第二空间，书香社会建设应当对各地区里的党政机关和事业单位、企业单位的阅读活动开展的状况做到全覆盖考评。现在的情况主要是企业单位对阅读重视程度参差不齐，有的对员工阅读有安排但没有形成常态化，有的干脆就没有阅读这件事情，事实上造成了企业员工的文化权益受到损害，需要企业管理者们提高认识，作出认真妥善的安排。

对于人们生活的第三空间，其责任就在社会管理的责任主体——各级政府和相关事业单位承担。首要的还是要加强阅读设施建设。要大力推动公共图书馆、社区阅读中心、公共阅报栏、实体书店、农家书屋等阅读设施建设，实现有效覆盖和适时提档升级、更新换代，加快其信息化、数字化建设，更好满足媒体加速发展时代人民群众多样化阅读需求。要推动县区图书馆与乡镇图书馆、农家书屋、社区书屋等基层阅读设施与新时代文明实践中心贯通融合。据悉，江苏张家港市"书香城市"建设指标体系就覆盖到阅读设施、阅读资源、阅读组织、阅读活动、阅读环境、阅读成效及保障条件等一级指标 7 个，涉及 44 个二级指标和 87 个三级指标，形成了对各级政府部门全民阅读工作的考核评价。山东省威海市已经建设 10 多家城市书房，全部由各区市政府筹建，建成一个，考核验收合格，市级财政予以奖补，每个书房一次性奖补 50 万元。此外，全市每年对每个城市书房给予管理运行费用补贴，150 平方米以下补贴 5 万元，150 平方米以上补贴 10 万元。山东省青岛市还把公交车建设成为城市流动阅览室——"书香车厢"，车厢里设有供乘客自由阅读的书柜，于是靠近书柜的座位成了香饽饽，许多乘客急于坐到书柜旁边，从中享受阅读的快乐。一条缓缓前行的公交线，成了一个流动的阅读空间。浙江省杭州市坚持政府主导、图书馆助力和社会各界协力，把每一年的西湖读书节从"9·28 孔子诞辰日"所在的 9 月连续开展到"4·23 世界读书日"所在的 4 月，几乎持续全年。在政府主导下，西湖读书节举办大型书展、文化展览、新书发布、签售会、图书漂流、诵读比赛、征文、图书推荐、回馈社会、书香家庭、书虫评选等活动，浙江图书馆开展名人阅读推广，新华书店、民营书店和出版社在门店开展新书阅读推广活动，民间各类阅读组织必定有若干主题阅读安排。可以相信，当人们生活的第三空间书香四溢时，第二空间一定会得到推动，而第一空间里的亲子阅读、家庭阅读当然会受到感动和振奋，"最是书香能致远"，理想的书香社会终究会到来。

2021 年 4 月 22 日

全民阅读需要汇聚更多推动力

　　古今中外都说读书好，倡导阅读的名言警句和故事传说可谓不计其数，以至于推崇到"第一等好事还是读书"的地步。可是，尽管是古今圣贤言辞灼灼的"第一等好事"，只要一个时期社会上对阅读的提倡稍有懈怠，更别说某些时候广为流传的"读书无用论"，那么，社会上的阅读风气便有可能减弱，莘莘学子就有可能移情别恋。古时学子就有可能嬉戏游乐、狎妓载酒、沉迷于勾栏瓦舍，今之学子则是追网剧、追美剧、追八卦、沉迷于手游网游。个中原因十分复杂，在这里不作讨论，我们想强调的是，从古今圣贤不绝于耳地倡导阅读，足可以看出阅读在人类社会发展史上的重要意义，而从古今圣贤苦口婆心地劝读导读，又足可以看出阅读这"第一等好事"做起来其实并不容易，需要时时提醒、代代倡导，中外概莫能外。

前面我们说的主要是传统意义上的阅读，也就是工具性阅读，往往是为了个人学习进步的阅读，为了人们生存发展的阅读，为了研究学问的阅读，为了经世致用的阅读，读与不读往往在于个人。而当下我国倡导的是全民阅读。全民阅读包括又并不局限于上述工具性阅读，同时还包括更多的非工具性阅读，也就是为了增长知识的阅读，为了提高素质的阅读，为了提升社会文明程度的阅读，为了生活消闲的阅读，乃至为了阅读而阅读。这是中国历史上不曾有过的全民阅读，是联合国教科文组织四十多年来一直提倡的"走向阅读的社会"，即"希望散居在世界上每一个角落的人，……都能享受阅读的乐趣"。全民阅读比较多的时候属于并不具有明显功利价值的非工具性阅读。可想而知，前者那种具有明显功利价值的工具性阅读都还需要古今圣贤做出那么多的倡导和奉劝，而后者这种并不具有明显功利价值的非工具性阅读，读与不读更多在于社会，自然就更需要加以倡导和推动了。

把人类社会倡导阅读的前世今生做出这一番简要的回顾，也许能够帮助我们理解，近十年来，党和国家倡导全民阅读，各级政府努力在开展全民阅读上有更大作为，书刊出版发行业、数字化出版和传播、广播电视业及各种阅读组织和阅读推广人努力为推动全民阅读做出贡献，其中所具有的重要意义不言而喻。

全民阅读属于社会性文化活动，社会性文化活动首先需要做好顶层设计。党的十八大提出开展全民阅读。自 2014 年起，连年全国两会的《政府工作报告》倡导全民阅读。国家"十三五"经济社会发展规划纲要把全民阅读列入文化发展的重点工程，各级人大通过各种层次的立法来保障全民阅读持续健康地开展。"书香中国"活动正在全国范围内开展并形成热烈景象。各级政府正在把全民阅读纳入本级经济社会发展规划，把全民阅读纳入本级财政预算。凡此种种，既是为全民阅读提供了重要保障，也是对全民阅读的有力推动。

全民阅读属于书刊出版发行业直接服务的对象，书刊出版机构和发行企业理当要为全民阅读提供更为优质的服务。为全民阅读评选年度"中国好书""受大众欢迎的 50 种好书"和为"农家书屋"提供专门书目，成为全国范围内的出版机构每一年度的重点业务活动。出版业双效俱佳的优质书刊正在增多，而平庸、重复、粗制滥造的书刊正在减少，使得爱读书的读者越发乐在其中，使得原先较少读书的读者不由得心向往之。全国书博会及多个全国性书展进一步明确会展宗旨，凸显了为全国读者特别是举办地读者服务的特点，显著提升了出版业的社会影响力。众多新华书店和民营书店加大门店升级改造的力度，努力把传统的售书门店升级改造成为读者的阅读空间，以至于有多家品牌书店成为所在城市的文化地标、城市名片。全国范围内数十家 24 小时书店的深夜灯光，正在成为城市市民的精神灯塔。凡此种种，书刊出版发行业既是为全民阅读提升了服务质量，也是对全民阅读的有力推动。

我们正在进入数字化时代，数字化出版和传播理所当然会吸引越来越多的受众，移动互联网和各种 App 正在为全民阅读提供更为便捷的服务。微信公众号发布的优秀图书即时信息和趣味盎然的导读，已经成为传统书刊出版发行业的常规营销项目。电子书越来越成为传统书刊出版业同步生产的衍生产品。网络写作正在从野蛮生长状态下逐步调整成为人们健康阅读的一部分。有声读物使得许多读者从视觉阅读时间和精力不济的困境中解放出来，开始更多地享受着听觉阅读的愉悦。许多听书正在把许多中外经典名著浓缩到十多分钟的有声讲授中，如果读者听了这些讲授从而亲自找某些经典名著来读，那么这将是功莫大焉的事情。手机阅读似乎一直在引发"碎片化阅读"的讨论，其实，在我们看来，读总比不读要好很多。如果能够做到"忙时读屏，闲时读书"，那就好上加好了。凡此种种，数字化出版和传播既是在为全民阅读提供着形式多样的服务，也是对全民阅读的有力推动。

报纸和广播电视一直是我们社会的主流媒体，这些主流媒体对全民阅读的传播和介绍，常常是全社会激动人心的事情。许多重要报刊正在加大关于阅读的版面，各级广播电视台正在加大关于阅读的时段。央视对年度"中国好书"的推介，使得亿万电视观众与优质书籍更加亲近。央视诗词大赛节目的播出，自然会引发众多校园、千万家庭的诗词诵读热潮。"朗读者"节目在社会上引发朗读热却是许多人始料不及的事情。我们每每看到接踵出现的街边朗诵录音亭，心里就油然升起新奇而可爱的感觉。凡此种种，我们社会的主流媒体对于全民阅读的宣传是十分给力的，它们所给之力，正是对全民阅读重要的推动力。

说到对全民阅读的推动力，我们当然不能忘记许多阅读品牌活动和阅读推广人、领读者的贡献，他们所做的贡献是最为直接的贡献。倘若没有北京阅读季和深圳读书月等一系列阅读品牌活动，没有一大批热心于全民阅读的推广人、领读者，不能想象我们的全民阅读活动将是怎样一副模样。而正因为有了一系列阅读品牌活动，使得全民阅读形成了充满正能量的广场活动，又正因为有了许许多多的全民阅读推广人、领读者，使得全民阅读得到每时每刻的热情推动。我们应当向充满公益精神的全民阅读推广人和领读者致敬！

最后，我们还要向中国新闻出版广电报致敬。全民阅读需要不断地推动。中国新闻出版广电报在4月23日刊发世界读书日特刊，围绕全民阅读推动力这个主题，从政府、书刊出版发行业、数字化出版与传播、主流媒体和阅读品牌活动，阅读推广人和领读者等多个方面，既展现了全民阅读推动力，又汇聚起全民阅读推动力，也是全民阅读中一件值得称道的好事。

2019 年 4 月 23 日

最重要的还是阅读

自从 2007 年在全国政协十届五次会议上我作为第一提案人提出"关于开展全民阅读的建议"之后，直到 2017 年，在每一次全国政协大会上，我都会就全民阅读相关问题提出提案，在十二届五次会议上我提交的最后一个提案是"关于在我国中小学设立阅读课的建议"。

因为全民阅读事关全民，所以我的每一个相关提案都希望有一定数量的委员联署提出，而每一次邀约都能得到许多委员热情的支持和参与。记得有一次，一位比较熟稔的艺术界别委员在我提案登记表上签下他的名字后，微笑着对我揶揄道："聂委员，您总是做全民阅读的提案，是不是因为你们出版社的书不好卖呀？"我笑了，说："您说得一点都不错，现在确实书不好卖。不过，人们都不爱读书，可不是出版业一个行业的事情。我们既可以追问出版业，为什么不多出版一些雅俗共赏的好书，也要追问广大读者，为什么不多读好书？图书馆里藏着几千年的中外名著，大家为什么不去找来读读？电影票房很重要，剧院演出很重要，小品相声都重要，可是票房不好，只能问你们艺术家，为什么不把作品搞得劲道一些，让观众更喜欢一点？但你们不能追问观众，为什么你们不爱看电影，为什么不爱看演出？这就说明，比较起来，在所有文化传播中，阅读最重要，不是有一种说法吗？一个不读书的民族是没有前途的民族。可是从来没有人说一个不爱看电影的民族没有前途，尽管电影也很重要，但都没有阅读那么重要。"

此后，在一些阅读论坛上，我时不时会提起上面这段对话，发现颇能引起一些听众的颔首回应。于是觉得似乎可以从这个角度进一步思考全民阅读的重要性。

我尝试着把阅读跟科学文化传播的各种方式放到一起比较后发现，在中华民族几千年历史上，受到高度重视和用力推动的还是阅读。汉代《淮南子·本经》记述："昔者仓颉作书，而天雨粟，鬼夜哭。"说是仓颉创造文字的时候，天上落下粟米，鬼在夜里啼哭。这当然只是一个古代传说。可是，古人认为人类阅读文字就会"惊天地，泣鬼神"，强烈反映出中华民族对文字发明和阅读的重视程度。两千多年前，孔子在中华民族文化最重要的元典之一《论语》开篇就发出"学而时习之，不亦说乎"的召唤，接着忠告人们"学而不思则罔，思而不学则殆"，"不学《诗》，无以言"，还特别主张"学而优则仕，仕而优则学"，等等，十分强调阅读的重要性。我们不妨回想，几千年以降，中华民族世代相传，何曾对阅读懈怠过！耕读人家的对联常常是"忠厚传家久，诗书继世长"，传统世家的对联曾经有"数百年旧家无非积德，第一等好事还是读书"，革命者的口号震撼人心："为中华之崛起而读书"（周恩来），如此等等，恐怕没有哪一种科学文化传播方式可以与之相较高下的吧。

最早提倡全民阅读的是联合国教科文组织。联合国教科文组织 1972 年首次发出倡议"全民的阅读"，1982 年又一次发出倡议"八十年代的目标——走向阅读的社会"。如果说第一次提出的倡议主要是面向经济文化相对落后的第三世界国家提出来的，那么，第二次提出的倡议则面向全世界，因为当时欧美发达国家遭到"电视病"的侵蚀后，国民阅读已经处于很不利的状况。1995 年联合国教科文组织再一次提倡全民阅读，设立"世界读书日"，并且发表宣言："希望散居在世界每一个角落的人，……都能享受阅读的乐趣。"我们不妨想想，迄今为止，有哪一种文化艺术形式得到过联合国教科文组织如此全面、持续、倾力地提倡过呢？当然没有。因为在联合国教科文组织的理念中，阅读是关系到"散居在世界每一个角落的人"。在人类所有的科学文化传播方式中，除了阅读，还没有哪一种传播方式直接关系到"散居在世界每一个角落的人"。

在世界文明史和科技史上，几乎一致的看法认为我国古代四大发明中最重要的发明是造纸术。为什么？因为中国自东汉发明造纸术，人类文明成果得以丰富地记载和传承，而这些记载和传承使得人们较早地得到了最便利、最可靠的阅读。由于造纸术和印刷术的发明，中国古代出版业得到大规模的发展。一直到 18 世纪中期，汉语出版的书籍比世界上其他所有语言出版的书籍总和还要多。自 20 世纪以来，特别是改革开放以来，我国出版业又有了加速发展，出版了大量中外科学文化名著。这些书籍承载着中华文化的优秀传统和人类文明的精华，覆盖了既往历史中各种科学文化内容，可以说，在人类文明的交流和传播史上，目前还没有哪一种交流和传播方式在深度、广度和细致程度上能够超过书籍。

阅读的重要性和好处显而易见。可是为什么自古至今还需要那么多圣贤不断地去提倡呢？为什么现在还需要国家一再地加以倡导呢？事实上，阅读比较费力气，让人们容易产生畏难情绪，可是，这又是人类社会发展和个人进步的不二法门，所以需要有影响力的人不断地加以提倡。当今社会，与影视媒介相比，甚至与其他许多传播方式相比，书籍的阅读受大众的欢迎度显然处于劣势，因为阅读不仅费力，还不像影视和其他许多传播样式那样来得轻松快乐。可是，阅读，无论是通过纸介质还是数字介质，只要是文字的阅读，乃是人类最重要的脑力活动，是人们的智商、情商、思维力和想象力得以维持和发展的基本路径。如果阅读消亡，后果不堪想象。我们不妨反省一下，当电影电视作品开始播出时，我们就开始被动地接受那些声光电造成的影像，并不需要自己的头脑输出多少东西。有学者指出，与读者占大多数的国家相比较，电视观众占大多数的国家基本上是不用大脑的。我们的社会是不是正在从前者变成后者呢？每每念及此，我就会想到国家应当继续加大倡导全民阅读的力度，因为，国家的科学文化要发展，科学文化的各种传播方式虽然都重要，可是比较起来，还是阅读最重要。

2019 年 3 月

全民阅读与国家科普能力建设

　　党的二十大在号召"深化全民阅读活动"的同时，要求"加强国家科普能力建设"。这就意味着，全民阅读的深入推进，切不可忽略了科普阅读这件大事。社会在发展，科技在进步，加强科普阅读，推进科学精神、理性思维融入人民大众的生活，这是提高国民素质和社会文明程度的需要，更是建设学习型社会、建设创新型国家建设的必由之路。全民阅读与国家科普能力建设紧密相关。

　　加强科普阅读，有利于青少年的全面成长。

　　科普阅读在培养青少年学习能力、思维能力方面具有独特效果。科普读物注意遵循科学探索的原则，通常要采用提出问题、分析问题、解决问题的方法来进行表述，这种循序渐进的模式不仅可以提高青少年读者的阅读兴趣，引导他们进行同步思考，提高其专注力和逻辑思维能力。早在 1909

年，美国著名教育家约翰·杜威就曾指出："科学应该作为思维方式和认知的态度。"通过科普阅读，最重要的成果之一就是可以培养青少年形成良好的探知习惯和科学的思维方式，这对于提升青少年的核心素养是至关重要的。

加强科普阅读，有利于国民素养的全面提升。

开展全民阅读，其重要目的是提高国民的思想道德素质和科学文化素质。科普读物不仅能解释诸如雷暴闪电、四季变化、疾病灾难等常见现象，也能及时阐释 chat GPT、元宇宙、人工智能等新近科技创新成果，还会带领人们探索黑洞、三星堆文化等人类未解之谜。加强科普阅读，促使广大国民理性认识各类自然现象、了解最新科学技术，破除愚昧，提升科学精神和科技认识能力。

加强科普阅读，助力中国式现代化强国建设。

社会主义现代化强国首先是文化强国、教育强国、科技强国、人才强国，这就需要在全社会范围内深植崇尚科学的信仰，厚植热爱科普的土壤，培育提升全民科学素养的根基。科技创新、科学普及是实现创新发展的两翼，应该把科学普及放在与科技创新同等重要的位置。没有全民科学素质普遍提高，科技创新就缺乏应有的基础，就难以建立起宏大的高素质创新大军，还难以实现科技成果快速转化。中国式现代化强国建设，必须不断提升国民的科学素养，这是现代化强国建设的一项不可缺少的重要指标，广泛开展科普阅读，是提升国民科学素养的主要途径。

然而，当下科普阅读的整体状况却不容乐观，主要表现在两个方面，一是科普读物出版销售情况较差，二是阅读科普内容的人数较少。据科学技术部目前发布的 2021 年度全国科普统计数据，除电视节目外，科普图书、期刊、报纸的出版发行量在 2021 年均呈下降态势。据开卷公司统计的 2021 年中国图书零售市场数据，从产品结构来看，少儿、社科、教材教辅、文学四大图书品类销售码洋占据市场整体规模的 87%，而科技仅占 6.5%。虽然开卷公司现有的细分结构并未明确列出科普图书销售情况，但从科技图书的表现，可以基本上看出科普图书的营销情况并不理想。

科普阅读作为全民阅读的重要组成部分，对国家科技创新、个人素养提升有着举足轻重的作用，但是现实却是科普阅读已经成为全民阅读中非常薄弱的一个环节，它的重要性与它在全民阅读中的实际占比严重失衡。重视、加强、提振科普阅读，势在必行。

首先，要进一步提升科普读物创作出版质量。精耕科普读物内容，每年推出的新书等出版物浩如烟海，所有出版门类只有打造优质内容，才能从中脱颖而出。科学技术读物虽然内容难免深奥，但大众并非不爱看，更多的原因是其本身不耐看。近两年也不乏许多优秀科普作品强势出圈：日本漫改科普电影《工作细胞：细胞大作战》在全国公映后，累计票房 600 余万元；《鼠鼠历险记》首映当天累计播放量 35 万。这些科普作品能够大热的核心是它的内容经得起考验，说明只要把内容做优，科普读物就可以成为热门。

其次，要努力创新科普读物呈现形式。纸质科普读物的表现形式应注意多元化。需要进行科普的内容包括物理、化学、生物、金融、日常生活等，涵盖了科学领域的方方面面，其特点之一是有些现象用画作、视频远比文字描述要形象且易于理解和接受。因此，纸质科普读物可以通过视频将科普变得生动有趣。科普漫画《半小时漫画中国史》的作者将科普内容以漫画加段子的形式呈现，成功吸引了大批成人、儿童自愿买书，争先被科普，致使这本书上市 7 小时就全网售罄，1 天时间狂揽 4 大图书网站（当当网、京东、亚马逊、博库网）新书榜第一。截至 2021 年，该书共推出 5 册，全网销量已突破 3000 万册。

创新科普读物呈现形式，科普阅读还应当注重运用融媒体技术。视听节目日渐火爆，《如果国宝会说话》《我在故宫修文物》《典籍里的中国》这些节目带动的不仅仅是收视率，更重要的是引发了亿万观众对中国文化的浓厚兴趣和阅读。科普读物可以搭载诸如科普影视等融媒体技术的科普作品，

更容易产生联动效应，促使阅读者主动阅读与之相关的科普
读物或科学作品。

全民阅读与国家科普能力建设紧密相关，有效推进科普
阅读风尚的形成，提升科普阅读覆盖率和推广成效，可是不
能单就科普谈阅读，提升国家科普能力建设，还应当从加强
青少年科学教育做起。

2021年两院院士大会、中国科协第十次全国代表大会提
出要"形成崇尚科学的风尚，让更多的青少年心怀科学梦想、
树立创新志向"。教育部等八部门于2023年3月印发《全国
青少年学生读书行动实施方案》，对抓好青少年阅读工作做
了详细的部署和安排，其中多次提及对青少年深入实施科普
教育，加强科学教育，普及科学知识。在青少年群体中普及
科学理念，养成科学思维习惯，形成爱科学、学科学的风气，
树立长大要做科学家的理想信念，那么，全社会对于科普阅
读也能形成爱读书、读好书、善读书的浓厚氛围将是大有希
望的。

2022年11月

扶贫引来校园书香①

1

宾川县是云南省大理白族自治州下辖的一个县，地处云岭横断山脉边缘，金沙江南岸云贵高原西南部，人口 36 万多人。宾川属全国 14 个集中连片特困地区，隶属滇西边境片区，是云南省扶贫开发重点县。经过多年努力，宾川县 2017 年底贫困发生率由 2014 年的 11.8% 降至 1.55%，2018 年 9 月 29 日正式宣布脱贫。

消息传到北京，人民教育出版社里一片欢腾。因为人教社和宾川县是对口帮扶单位，是教育部滇西定点扶贫整体部

---

① 此文节选自《有书香的地方：中国全民阅读纪事》（聂震宁著，安徽教育出版社 2024 年 4 月出版），有删改。

署的一部分，2018 年是双方携手合作的第六年。宾川县脱贫攻坚成效显著，也有人教社对口帮扶的一份力量。

2013—2021 年的八年时间里，人教社按照"智扶为主，物援为辅"的原则，努力帮助帮扶对象"造血"而非"输血"，在脱贫攻坚方面故事多多，而在"文化扶贫、智力扶贫"的贡献自然最受人称道。人教社持续组织了 16 期的"人教—宾川教育名家讲坛"，受益教师超过数万人次。除去名家讲坛之外，人教社每年还特地为宾川组织全国名师、专家授课的各种学科教师培训，达到 30 多场次。资助对口扶贫的云南省宾川县实施"优秀青年教师外出跟班学习"项目，累计培训了 120 多名青年骨干教师，成为目前该县教师队伍的中坚力量，其中小学英语教学"清零计划"尤为值得称道。人教社还先后组织了 6 期全县党政管理干部和教育干部培训班，提升当地干部的政治素养。

2

脱贫攻坚战是伟大的，但并不是本书写作的主题。脱贫攻坚战中的全民阅读，尤其是青少年学生的阅读却引起我的强烈兴趣，"书香校园"工程从扶贫工作推动而来，这应该是一个了不起的故事！

儿童阅读专家王林博士，时任人教社少儿教育室副主任，到宾川县挂职副县长。初到宾川，他深入到各个学校调研，发现学校图书馆问题多多：图书馆很少对学生开放，学生大多也不知道有图书馆；图书馆的环境乏善可陈，常常堆满杂物；图书馆的书陈旧、数量不够、不适合学生，低劣的"馆配书"充斥其间。

扶贫工作的使命感和自己专业上的优势，促使王博士下决心推动宾川县的"书香校园"工程。他积极争取到宾川县委县政府的大力支持，并协调上海益善公益基金会等社会力量的慷慨援助，率先在宾川70多所小学启动"书香校园"工程。在此后几任人教社挂职干部的持续推动下，在众多本土教师的倾心投入下，"书香校园"在宾川县覆盖全部小学和部分幼儿园、中学。

我问王林，怎么会在扶贫工作中想到"书香校园"建设？

王林说：在宾川挂职任副县长，只有一年时间，一般来说做不了太多事情。可是，我想，就人教社"教育扶贫""智力扶贫"的特点而言，可用"儿童阅读"和"书香校园"做切入口开展工作。多年推动儿童阅读的经验，让我相信，阅读能力是学习能力的核心和基础，图书馆是性价比最高的教育投资，阅读是实现教育均衡的重要途径。我坚信，推动阅读是低成本、高品质改变乡村教育的方式。

我说：一年时间能把 70 所学校的"书香校园"工程做起来，困难肯定不少。

王林真诚地点点头，却又平淡地回应道：好事要做好，除了要有好的设计，还要考虑方法和细节。建设书香校园事关教育全局。要解决制度问题，财力、人力等问题，要想办法让校长们主动申请县里设计的"书香校园实验校"，要把过去的"要你做"变成"我要做"，点燃基层学校的热情，让校长们打心底认同这件事，这件事才能既有实效，又能持续。

我问王林在经济欠发达的地区乡村小学推动儿童阅读有什么经验。他说关键要解决好三个环节：一是配置优质图书；二是打造书香环境；三是改革阅读课程。

我感叹道：三个环节说起来简单，实际上做起来可不容易。

王林说：一点点去努力吧。首先，我们借鉴深圳爱阅公益基金会的小学图书馆书目，根据宾川县的实际，编制了《宾川县小学图书馆基本配备书目》，要求学校按此书目招标采购，确保好书可以进入学校。其次，邀请上海益善基金会捐赠了三所学校，进行好书的"示范"，很多校长、老师到学校参观，第一次发现竟然有这么漂亮的少儿读物。示范成功后，上海益善基金会又在 2016 年为每所学校捐赠了一个图书馆。最后，严把捐赠关。在这一年里，有人民教育出版社、中国少年儿童出版社、安徽少儿出版社、全国民营少儿发行联盟等多家机构为宾川县捐书。即使是捐赠，我也要求先看书目，确保捐赠图书的质量。

我说：选好书，进好书，这是你的专长。可打造书香环境并不是一句话的事情。

王林说：首先是打造图书馆、阅览室。过去学校图书馆常常灰尘堆积，墙面暗淡，书架破旧，空间狭小。我们对图书馆改造的要求有八字原则：环保、美观、实用、节约。根据这些原则，使用深圳爱阅公益基金会的设计方案，发给学校参考。更换书架，把过去铁质的、高大的、冰冷的、单调的书架更换为木质的、符合儿童身高、红黄相间的书架，同时还增加封面可以面对小读者的绘本书架，吸引低年级学生阅读。过去的旧书架不会一扔了之，而是放到校园的合适位置变为开放式的阅读角。改造后的图书馆干净、漂亮，成为学生最喜欢去的地方。其次，设置校园阅读角。有的学校校舍不够，没有图书馆空间，就干脆做成开放式的阅读角。在走廊上、大树下等空余地方放置书架，书架上的书（杂志）不用登记，可以随手取阅，带到教室或家里看完后再还回来。有的校长担心书丢，我把这些募捐来的书不计入学校资产，并以"窃书不算偷""这正是对学生进行诚信教育的契机"半开玩笑半认真的话应对。我相信，繁琐的借阅手续、丢书被索赔的担心，正是乡村学生不敢借书的原因之一。最后，安放班级图书架。班级是学生在学校里待得最长的空间，班级图书架也成为最能让学生接触到课外书的地方。人民教育出版社捐赠了 352 个"人教爱心书架"，购买这些书架仅仅花了 5 万元，我不禁感叹阅读真的不像想象的那么贵。尤其令人感动的是，县委书记和县长在财政十分困难的情况下，特别拨出专款 100 万元，专项用于阅览室的环境改造。一个贫困县拿出 100 万元来美化阅览室，我想着都心疼，所以用起来格外小心，必须精打细算。

王林说得很动感情，白皙的面庞上两颧有微微酡红。

我说：书记、县长就是希望你们通过"书香校园"建设，帮助县里教育质量上台阶吧。

王林说：是的。可是，怎样开发阅读课程，也不是一件简单的事情。当前的语文教学是有一些问题的。例如，把学语文等同于学语文教材，教语文等同于教语文教材；教学效率比较低，"少、慢、差、费"；语文考试还是局限在考课文上。要改变这些积弊，是另一个教育改革的大工程，比改造阅览室和购买好书还难。但是，再难也要做，否则学校会以"没有时间读""担心影响考试成绩"为理由，照样把阅览室闲置起来，课表上的"阅读课"也将被挤占。开发阅读课程，其实就是告诉老师们如何用好这些课外书，让课外书也成为语文教学的内容之一。我提倡各个学校组织"教师读书会"，让老师们读一些童书，此外也推荐了一些阅读理论方面的书给老师，例如《朗读手册》《说来听听：儿童、阅读和讨论》。希望老师们改变一些陈旧的语文教学方法，要求多一些大声朗读、持续默读、班级读书会等方式的教学。再往深一层，希望改变语文考核方式来促进教师教学的变革，例如，在试卷中考核一点课外书籍的内容，引导学生的阅读。课表上有了"共同阅读课"，但老师们不知道这节课如何用。我在2016年4月2日"国际儿童读书日"开启了全县的"推动儿童阅读，建设书香校园"的观摩研讨会，邀请全国的特级教师上"共同阅读课"的示范观摩课。当然，开发阅读课程是一项长期的工作，刚开始展开，我则要挂职结束回京工作了。但我相信，看到阅读好处的校长们，不会停止这项工作。

我问王林：挂职一年下来，宾川的书香校园建设取得了初步效果，有70所学校基本完成了"书香校园"工程。能用学校教学质量的变化来证明成绩吗？

王林说：开展学生阅读教育不能简单用一时的教学成绩来证明。不过，一年的阅读扶贫，一些令人欣喜的变化是发生了的。比如，学生最喜欢往阅览室跑，沉闷的学校文化正在变得更有童趣，教师开始用图画书在教室里讲故事。有了阅读兴趣，学生就有希望。我在宾川阅读教育方面说得最多的一句话就是"行动，就一定有改变！"

我完全赞成王博士的"行动派"，可是，我还是希望弄到一点关于"改变"的实例，正如我写《阅读力决定学习力》那本书时，总要想方设法说明学习力是否得到提高。王林建议我去采访人教社的吴海涛，他当时是人教社办公室副主任，是王林在宾川县挂职工作的继任者。

3

吴海涛情绪饱满，快人快语，文采斐然。我请他讲一讲宾川县"书香校园"工程的效果，主要是学生的学习成绩有没有很大变化。我举例说明，某省某县，坚持多年阅读教育，近两年高考 600 分以上的考生每年都超过一百名，听到这个例证在场的人都很振奋。

吴海涛笑道：每次回宾川，挂职期间的书友们，一群嗜好阅读的中青年教师都能在咖啡馆聚一聚，我也一直想问他们，六七年的阅读推广有功效吗？给孩子们带来一些改变了吗？可我始终没有问。我知道，这种想法本身就太功利，与阅读沁润心灵的初衷相悖。再说，严格的调研必须依靠大量的数据支撑，不能简单地一言以蔽之。

我完全赞同。我说：我赞成你的观点。阅读本身就是影响心灵的过程，效果不一定在一两次考试上体现出来，对学生也应该如此。我在初中时读过的某一本小说的某一个情节，一直到我 70 岁写长篇小说时突然就发挥了作用。那就请海涛给我讲讲宾川的阅读故事。

4

接着，吴海涛一口气给我讲了好几个故事——

董强，是王林启动第一批校园阅读的一个试点校校长。那个叫瓦溪小学的箐口村小，校园里有一棵巨大的百年榕树，是远近闻名的地标。吴海涛曾很多次带客人前来瓦溪，参观榕树底下的书香校园，阅览室铺着柔软的橡胶隔垫，董校长很自豪地带客人穿行其间，看孩子们是如何舒适沉浸、旁若无人地阅读。因为阅读教育做得突出，董强后来被提拔去镇里中心校做了副校长，负责在全镇推广阅读。董强说，几年坚持下来最大的成果就是校长们观念的变化。有了校长队伍对阅读的重视，阅读活动计划和制度便有了保障。大部分学校都有每周 2 节的共同阅读课，每年 4 月坚持开展丰富多彩的阅读手抄报制作、经典诵读、亲子阅读、情景剧表演、读书故事会分享、诗词大赛等读书月活动。每年的六一、元旦，阅读之星评选及各种阅读活动节目也是必不可少。每天和每周五图书室、阅览室开放式阅读，有序登记、借阅也是各学校的常规动作，孩子们逐渐形成了自主管理、自主借阅的良好习惯，各学校良好的阅读习惯蔚然成风！

谭家武，蹇街完小的校长，长得黑瘦精干，是任期已经超过八年的"老"校长。

谭校长的校园有一个很大的特点，那就是校园里有一片不大的松树林，树下有石凳石桌。他奖励孩子们的手段，就是学生可以选择自己喜欢的图书去松林下自由阅读一节课。"松下读好书"，足见校长中华优秀传统文化的素养，也足见孩子们小小年纪就喜欢上校长的文化情调。

蹇小的阅览室称得上是全县的标杆，这里配有15000册书，配有专门为孩童打造的、符合人体工学的桌椅，温馨的环境布置，成了孩子们最喜欢去的地方，学生在这里或坐着，或站着，或靠在书柜旁，或随性席地而坐，学生用最舒服的姿势，安静地读着自己喜欢的书籍。想来这也是谭校长的文化情调吧。

蹇小的"校园书香节"已经坚持多届，而且越办越好，从一天延长到一周，再延长到一个月。谭校长说，阅读带来的变化有这样几个方面：一是家长对阅读更加重视，并积极参与到家庭阅读中，不再认为阅读是在看"闲书"，学校的家长多是果农，过去的娱乐多是打麻将，现在"泥腿子上岸"

陪孩子阅读，也改变了家庭的文化氛围；二是孩子的阅读兴趣初步养成，阅览室成了孩子最爱去的地方，孩子的阅读已经成为学校最美的一道风景；三是通过阅读拓展视野，丰富了孩子的知识，锻炼了孩子的表达能力和参与合作能力；四是书香校园建设作为学校的一项重点工作，在师生中已经形成了共识。

廖季霞，一个醉心阅读教育的小学数学老师。她原先是太和完小的校长，后来辞去校长职位，专心教学。那个"小而美"的村小，春天四周都是油菜花。海涛说他去过几次，特别喜欢。校园内还有一汪清澈见底的碗口大的泉眼，数百年来一直汩汩不休，这在常年干旱的宾川坝子是罕见的。早年间，人们在这里建了一座"龙泉寺"对泉流进行保护和祭拜。太和完小就建在寺庙内。当王林倡导每个小学都要建立一个专用阅览室的时候，廖季霞就把寺庙的大殿改造成阅览室，让"阅读"真正登堂入室，外有泉水潺潺，内有书声琅琅。每年的读书日，廖老师都会把家长们请来学校，和孩子共度一段"亲子阅读"时光。海涛说，每次在朋友圈里，看到她分享的活动照片，与孩子们依偎在一起阅读的爸爸、妈妈，有的是爷爷、奶奶，每一个人的眼中都有温柔而幸福的光，看得让人心动。

廖老师说，亲子阅读的开展拉近了学校和家长的距离，让家校配合更默契。亲子阅读，让家长停下忙碌的步伐，陪伴孩子享受阅读，走进学校的陪伴，让家长更能理解教师一天工作的不易，教师和家长们（尤其是农村家长）交流最新高考、中考的形式，也让家长们了解到阅读的重要性，坚定家长们从小抓好孩子阅读的决心。现在很多家长在家里布置书房，起码也会安排一个小书架，营造家庭阅读氛围，家长会不定时地检查和陪伴，也为孩子的阅读尽着自己的努力。

董黎霞，董老师夫妇二人都是教师。董老师文笔很好，擅长散文，是大理州小有名气的本土女作家。她和爱人、女儿都酷爱阅读，借助校园阅读推广的势头，她联合一些教师朋友自发组织了一个"悦惜书友会"（悦惜，是借用宾川古名"越析诏"的谐音），利用周末或者业余时间在茶舍、咖啡馆、书店等场合相聚共读、分享体会。

因为董老师一直在县教育局机关工作，她观察宾川阅读的视角可以更多地超越校园。她说，校园里阅读氛围的浓厚，也会影响到家庭，直至蔓延到整个社会。宾川这些年阅读环境的改善，是可以明确感知到的。以前只有新华书店、县图书馆等少数几处可以买书、看书，其余地方几乎看不见书。两年前，大理一家民营的网红书城"大方书店"来宾川开了一家分店，面积大，品类丰富，成为很多家庭周末必去打卡之地。走访大街小巷，许多咖啡馆都配备了一定数量的书籍。

今年 6 月，宾川县城还新开了两家儿童读书馆。在宾川，阅读场馆逐步成为人们生活不可或缺的场所。董老师说，身边爱读书的朋友越来越多，大家经常推荐好书，交换阅读，分享阅读所得，每年给自己制定一定数量的阅读目标并记录阅读过程。爱读书成为一种时尚，见面交流往往都要问"最近在读些什么"。

谢红芬，吴海涛说，每次回宾川，在宾川的网红书店——大方书店都可以看到谢红芬老师。在一群书友会朋友里，谢老师是典型的偏远乡村教师代表。她在距离县城两个小时车程的拉乌完小任教。她在 2016 年获马云乡村教师奖，2022 年获全国的三八红旗手，通过评选获得"云南好人"称号，无疑早已成了这个小县城的名人。央视做了一期"三八节特别节目"，摄制组专程去了彝乡拉乌，记录了谢老师和孩子们日常相处的点滴。吴海涛看到了，很感动，发了一个朋友圈《打开电视，看见谢红芬》。在拉乌当校长、当老师的这些年，谢红芬用力最勤的也是阅读。吴海涛去宾川挂职那年，谢老师正好获评"马云乡村教师奖"，获得了一笔奖金，她把这笔奖金加上自己争取到的"微笑读书会"的资助，把自家的一楼翻修为一间漂亮的乡村儿童阅读室，彩色的地板和桌椅，采购或者募集来一架架精美的绘本童书，超过 3000 册。本村和邻村的孩子们在放学后、周末、假期里都可以来到这间阅读室，脱了鞋，席地而坐，安安静静地看书。只要有空，她还会背着刚刚出生的小女儿，给孩子们讲读绘本。对一些家更加偏僻，但又渴望读到绘本的孩子，她走着夜路背上图书送上门去，给孩子们读罢，又连夜赶回来准备第二天的上课。

那天，吴海涛跟谢红芬和她的孩子们一起在家庭阅览室中看完央视"三八节特别节目"那期节目，他心里暗暗惊讶，看到谢老师的孩子们——大山深处彝族乡村学生的表现，面对镜头，他们个个落落大方，自信阳光，普通话达标，表达清晰自如，与绝大多数人想象中的山里孩子很不一样。吴海涛说，这应该就是教育和阅读带来的改变，他们身在大山，却可以凭借广泛的阅读任意驰骋于外面的世界，视野所及和城里孩子相去不远。2023年1月30日，谢老师的学生、拉乌的放牛娃崔思敏还登上了央视《中国诗词大会》参加比赛，并最终获得了两枚金徽章，相信将来会有更多的孩子像崔思敏这样走向全国的大舞台。

我听得入了迷，一再鼓励吴海涛继续说下去。海涛歉然笑笑，说每次回宾川时间都有限，无法接触到更多的宾川朋友，也没有时间深入课堂和乡村了解更多的阅读成果，以后有机会去了，再去搜集。

我很讶异，说：这个信息肯定是2023年以前的情况，

2023 年 3 月教育部、中宣部等八部门刚刚下发了开展全国青少年学生读书行动实施方案，早在 2015 年启动的宾川书香校园工程肯定是喜迎春风，贵得春雨了！

吴海涛郑重地颔首道：是的，我正要说，教育部这个实施方案下发得很及时，宾川的阅读教育更有希望了。随着中小学教育课程改革深化，阅读教育只会更好地融入学校的教育教学。多年前大家播撒下的那颗阅读的种子，已经在宾川那片热土宝地扎根发芽，只要风调雨顺，应该能在原野上更加茁壮地生长。建设中国式现代化强国，全民阅读是必由之路，青少年学生读书行动是必然的要求，把宾川建设成为书香社会也不会是什么奢望。

2024 年 2 月

中华书香源远流长

中华民族在世界上最早提出"书香"这个词语，中国开展全民阅读，就是要让华夏大地成为"有书香的地方"。

书香，一个多么富有诗意、美得沁人心脾而又令人向往的语词!

那么，书香从何而来?

书香首先是一种植物的香气。古人为防止蛀虫（又称蠹鱼、衣鱼）咬食书籍，遂于书中放置芸香草，用其散发的幽幽清香驱虫，书香之名便由此而得。

芸香草，又名芸草、七里香、灵香草、香草，为禾本科多年生草本植物，丛生，秆细，花金黄色，叶为倒卵形、圆形或匙形，表面带白霜。公元前138年，张骞出使西域时引入汉朝，后多产于我国西部诸省山川之地。芸香草不仅有特殊的香味，而且还是一种可贵的药材。叶、茎香气浓郁，可入药，有驱虫、祛风、通经的特效功能，无任何副作用，被国内一些专家称为当代驱虫之王。香草留香能力强、长年气味香飘，久存不散，一般认为香气可以维持三十多年。经广西植物研究所对 1936 年至 1950 年的植物标本评定，芸香草标本至今仍有清香。

爱书的人，特别是大藏书家，多方搜求芸香草，将其置于书中以驱虫，其散发出的缕缕香气谓为书香。著名的宁波天一阁藏书楼，所藏书籍号称"无蛀书"，就是因为用芸香草防蛀之故。

书香一词在我国古代藏书事业中被广泛引申使用。大凡与图书典籍有关的事物多被冠以芸香草之名，除"芸人"指农人、"芸芸"指众多外，大凡与图书典籍有关的事物都冠以芸香草之名，如"芸帙""芸帐""芸编"，都喻指书卷。"芸签"原指书信，后来也演绎为图书。"芸香吏"则指校书郎，唐代诗人白居易就曾做过这个官。因书房经常储备芸草以驱虫，故称书斋为"芸窗"，官家藏书的地方则称为"芸肩""芸署""芸台"（芸台相当于现在的档案馆，早在汉代便有"芸台"的别称）。宫廷中的藏书处称"芸扁"，掌管图书的官署秘书省称为"芸阁""芸省"等。

在人类文明史研究中，有一种观点认为，中国古代四大发明首推造纸术。公元 105 年，东汉的官员蔡伦，发明了用各种植物纤维制浆而做成纸张的工艺。而当时世界各国都还不知道纸为何物。直到公元 8 世纪，阿拉伯地区才从中国唐朝获得了纸张及其制造方法，欧洲地区则是 10 世纪才逐渐用上了中国造纸术生产出来的纸张。中国造纸术使得人类社会文字载体的成本大幅度下降，极大地方便了人们的写作和阅读，也使得中国成为最早发明印刷术的国家。造纸术和印刷术的发明，带来了中国古代出版业的大规模发展。在 18 世纪中期之前，汉语言出版的书籍比世界上其他所有语言出版的书籍总和还要多。有纸张才有书籍，有书籍方有书香，最早的书香自然来自中华。

千余年来，书香一词早已成为我国赞誉读书的美好词语。随着语词的活用，在我们的社会里，人们普遍把爱书人家称为书香人家，把崇学重教的城市称为书香之城，把一个人认真读书的行为称为品味书香。书香并不单指袭人的芸草香，还指书籍自有的纸张和油墨的气味，及其与芸香草、樟脑丸等各种防虫的芳香物混合而成的爱书人喜爱的香气。人们从阅读品味出来的书香，更多源自心灵对书籍的感动，是世间的人情淳善，是美丽的道德情操，是悠久的文化传承，是壮丽的大好河山……读书之人神与书交，气与书合，掩卷长叹，口存余香，物我两忘，这便是书香绕心，书人合一。古人吟咏书香的诗词并不罕见。宋代诗人释景淳《诗评》中有"石盆栽药瘦，松火焙书香。"元代诗人萨都剌《寄良常伯雨》："隔屋书香开酒瓮，卷帘树色入茶瓯。"明初诗人陈谟《题朱雪岩小影图文公之后居南雄者》："考亭云谷高风在，长有书香付后来。"明代诗人庞嵩《又次唐山韵二首》："况有书香传万卷，乐随诗酒对年华。"明代诗人祁顺《题何氏西溪书屋》："书香一脉如溪水，今古滔滔不尽流。"无不抒发着书香人生的感动。

斗转星移，陵迁谷变，石烂松枯，中华大地却氤氲书香不变。现代普通人家，为书籍防蠹，早已改用樟脑丸、檀香片乃至各种化学防虫制剂，然书之有香，我更愿意认为这是指书中的内容和书籍承载的精气神，而不仅仅是书籍纸张、油墨以及装帧中掺进的有形成分。书香，更多时候是指在书卷里所蕴藏、散发、萦绕的一种不尽的历史记忆与个人缅想。书香是对书籍的赞美，书香是对读书人的褒奖，书香是对文化的赓续与弘扬。作家梁实秋说"书香是与铜臭相对立的"，可谓一语中的。"铜臭"一词，出自《后汉书·崔烈传》。汉代权臣崔烈，虽名重一时，却欲壑难填，以五百万钱卖官鬻爵，买得司徒一职，从而得享"三公"之尊。有一日他问儿子崔钧："吾居三公，于议者何如？"崔钧如实回答："论者嫌其铜臭。"由此人们便以"铜臭"一词来讥讽俗陋无知而敛财暴富之人。

千年以来，书香铜臭，人们有着截然不同的褒贬好恶。"钟鸣鼎食之家"若不是"诗书簪缨之族"，则多了土豪气；稼穑之户若能"诗书继世"，门户方能贴上"耕读人家"的横额。历代无数读书人家不绝如缕的书香，簇成了滋养中华文化参天大树的浓密根须，即便有遮天蔽日的战火将无数传世典籍化作焦蝶，也仍有数不尽的家庭和读书人将书香与生命相融，乃至与血脉共存续，使得"礼失而求诸野"成为可能，中华文化源远流长成为事实。

阅读能让人们听圣贤指点，与智者对话，于静夜闻书香，以慢生活酝酿思想，在无边书海里陶情冶趣，开阔胸襟。读书如品茗，滋味在其中，读以致知，读以致用，读以修为，读以致乐。书香，正在成为人民群众对美好生活向往的重要内容。

在当代，我国首倡书香的省份是新时期改革开放前沿地区的广东。1993 年 12 月 19 日，首届南国书香节在广州举办，这是新中国成立以来第一个以"书香"命名的书展，主办方为它撰下一句响亮而新颖的广告语，即"东西南北中，南国书香浓"。广告语中既有天下情怀，也有优雅书香。此后不久，2000 年 11 月首届深圳读书月举行。首届深圳读书月提出的口号是"营造书香社会，共创美好未来"，书香成为人们对美好未来的向往。

2006年，中宣部和原新闻出版总署等部门决定开展"书香中国"活动。自2007年起，"书香河北""书香龙江""书香天山""书香高原""书香甘肃""书香赣鄱""书香江苏""书香浙江""书香安徽""书香八闽""书香三湘""书香八桂"……各省区市迅速开展"书香工程"建设。书香很快成为社会热词。

2021年第十三届全国人民代表大会第四次会议审议通过的《中华人民共和国国民经济和社会发展第十四个五年规划和2035年远景目标纲要》中提出了"深入推进全民阅读，建设'书香中国'"，"书香中国"自此成为国家中长期发展规划的目标之一。

社会的发展和改变往往从阅读开始。社会转型期通常是阅读繁盛时期。改变，伴随着阅读的推进。中国的改革开放，从阅读开始。中国的新时代，必然是阅读的繁盛期。深入推进全民阅读，建设"书香中国"，已经明确成为中国式现代化强国建设一项不可或缺的内容。

2024年5月10日

在校园里觅书香

学校本就是读书的地方，为什么还需要去往校园寻觅书香？

多年前，一些学生因为太喜欢读课外书会遭到老师批评，认为这是影响学生专心学习的"不良行为"。我们去到不少学校，不是没有图书馆、图书室，就是学生的读书与学校的教学基本没有关联，这样一来，能把这些学校称为"书香校园"吗？

新世纪之初，国家教育部门发出建设书香校园的号召。进入新时代，国家教育部门连续发出加强中小学图书馆建设的要求，在新的课程标准制定中指定学生必读书目和推荐阅读书目。2023 年 3 月 27 日，教育部、中央宣传部等八部门联合印发《全国青少年学生读书行动实施方案》。这个方案要求重视激发读书兴趣，养成学生良好阅读习惯，倡导广泛全面阅读，引导青少年学生在读书中享受乐趣、感悟人生、获得成长。开展青少年学生读书行动，是从立德树人"根基"架起教育强国"柱梁"的战略安排，是以学生阅读这一起点对准德智体美劳全面发展这一目标的重要举措。

我们为有这样的青少年学生的阅读安排感到欣慰，深受鼓舞。可以说，参与倡导、推广全民阅读多年，我有一个愈来愈强烈的认识，那就是：开展全民阅读，不从青少年做起，就是舍本求末；建设书香中国，必须从青少年抓起，只有帮助孩子们养成阅读习惯，爱上阅读，才能培养出一代又一代"爱读书、读好书、善读书"的新型国民。

当然，这些年来，不少学校已经开始重视学生们的阅读，书香校园建设出现良好景象。

2020 年 9 月，我应邀到北京市第 171 中学跟师生们作阅读讲座，发现从 2009 年起，这所中学就提出了全校"海量阅读"。每天下午，全校所有班级在同一时间上读书课，校园里保持静肃读书。此外，学校各班级还有计划地组织各种讲座，有的讲苏轼，有的讲杜甫，有的讲李白，有的讲《红楼梦》，讲学生自己的阅读体会。2016 年以来，这所中学的学生每年在省部级以上报刊发表文章超过 200 篇。这样的学校，是书香充盈的校园。

2023 年 4 月，我去山西柳林县考察中小学校的阅读状况。

柳林县的中小学校在县教科局提出的学生阅读"三纳入"（纳入课程、纳入教研、纳入考评）的指导下，把阅读与学校教育教学融合得很好。在柳林县好几所中小学校里，看到不少教学楼的走廊里安放着一排排放满了书籍的书架，供学生们课间休息时自由阅读、自由借阅。这样的学校，是书香充盈的校园。

2023 年 7 月，我聆听了长沙市天心区青园中信小学曹永健老师关于"萤火虫教室建设"的介绍。曹永健是一位男老师，在我的经验里，小学教师中男性总是很少。身材健硕的曹老师带领小学生阅读的热情和细心令我感动。在曹老师的教室里，有 2000 多册图书，都是他从家里贡献出来的，按照学校的阅读课题"阶梯式阅读共同体的构建研究"来陈设。曹老师说，我们的教室就是一间建在图书馆的教室，让好书与学生触手可及。这样的学校，当然更是书香充盈的校园。

是的，一所学校，有丰富的图书装备可以让学生沉浸在书籍的芳香里，有良好的阅读教育安排可以让学生吮吸着书籍的营养。可是，那些地处偏远、设施匮乏的山区学校，那里的书香从何而来呢？

2023 年 8 月，我去湖南省双峰县考察中小学阅读教育。双峰县是一个农业大县，脱贫解困时间不长，在教育投入、办学条件、师资力量等方面明显不足。可是自 2016 年以来，双峰县 3 次参加国家和湖南省组织的义务教育质量监测，每次监测结果都位居湖南全省前列。双峰的主要经验就是从 2009 年起，持续开展了 14 年的阅读教育。县教育局张局长给我们介绍，由于开展阅读教育，城乡学校学生的变化相当明显，不只是提高了学生的学习能力，还真改变了他们的精神面貌。从整体上看，玩手机打游戏的少了，爱读书爱学习的多了；乱丢乱扔的现象少了，讲文明讲礼貌的多了；胆小内向的少了，阳光自信的多了。从个体上来看，阅读教育提升了学生的自我管理能力，学生学会了时间管理和行为管理，书包书本摆放得整齐划一，课桌抽屉收拾得干干净净，阅读也提升了学生的综合素质。

显然，那些地处偏远、设施匮乏的山区学校，那里的书香主要是从教师和学生在阅读教育实践中散发出来的。

双峰县荷叶镇白泥小学，那是一个学生人数不到 50 人的乡村教学点，荷叶镇中心校的校长吴建军会定期去白泥小学进行阅读课的指导。他注意到学生里有一个留守的小男孩，性格特别内向，上课极少主动发言，可是他好像特别爱听故事、爱看书，上阅读课的时候尤其认真。一天，吴校长像往常一样骑着他的破自行车去乡下家访，在路上远远地看到那个男孩朝他挥手喊道："校长、校长，我要讲一个故事给你听。"吴建军心中一喜，到了近前，停下了自行车就鼓励孩子讲故事。那个男孩子爬上道旁一个土堆，开始了他的讲述，讲的是自己和小伙伴们一起学骑自行车的趣事。刚开始时他还磕磕巴巴的，讲着讲着，就声情并茂起来了。吴校长连声表扬小男孩。小男孩说这个故事他上课的时候不敢讲，只好在家里讲给小鸡和小狗听，讲给爷爷奶奶听，今天终于鼓起勇气讲给校长听了。当时正是傍晚时分，孩子的眼里闪着光，校长说他感动得鼻子都酸了，那一刻更加坚定了他开展阅读教育的信心。

像荷叶镇白泥小学这样的故事在双峰还有很多。校园里最沁人心脾的书香，就是学生们在良好的阅读教育下健康地成长。

2024 年 5 月 25 日

亲子阅读的家庭有书香

第三届全民阅读大会家庭亲子阅读论坛在云南昆明举行，论坛现场，书香满满。在论坛上，来自云南、江苏的家庭生动讲述了设立"小禾分享会"，用阅读浸润童心，搭建家、校、社协同育人桥梁的故事；山东省邹平市妇联、上海市黄浦区妇联分别介绍了"点爱伴读"、打造"10分钟亲子阅读生态圈"的创新案例。论坛的主题是"书香飘万家 共筑强国梦"，把亲子阅读与万家书香和实现强国梦紧密联系。

相关调研显示，全民阅读活动需要营造浓郁的社会阅读氛围，亲子阅读作为全民阅读的组成部分，同样需要在营造浓郁的阅读氛围上多下工夫。

亲子阅读的氛围是温馨的，母子依偎在一起共读彩色的绘本是可爱的，孩子在阅读中得到启蒙是激动人心的，很多家庭因为有了亲子阅读的内容而书香充盈。

重庆市妇联曾经在全市寻找出"最美书香家庭"100 户，引领更多家庭共享书香。2023 年全国最美家庭陈静家庭就是其中的典范。陈静家庭每天晚饭后一家四口都有着专属的阅读空间，随手可取、随处可读的布置散发出浓厚的阅读氛围。陈静还会邀约小区的家庭在社区组织公益沙龙，一起分享绘本故事，交流家庭教育经验，将多读书、读好书的家庭理念传播出去。

上海市妇联持续擦亮"好书童享 为爱悦读"亲子阅读活动品牌，自 2017 年起联动亲子阅读专家、新闻媒体、社会慈善、爱心企业、高校等各方力量，举办"上海市家庭亲子阅读电视展演"，在全市 200 多场线下亲子阅读活动的基础上，逐步筛选、凝练，通过朗诵比赛、古诗词大比拼等形式，举办 52 期线上展播，营造了亲子阅读的浓郁社会氛围。

甘肃省妇联与甘肃读者出版集团深入合作，按照时间、节点、节气开展省级亲子阅读示范活动，实施"星星点灯 +读者·中国阅读行动"，通过推荐优质图书、组建读者领读团队等，推动社区阅读、家庭阅读、校园阅读广泛开展；设立"星星点灯·读者读书会"分会，组建"书香家庭"社群，选拔领读者队伍，利用"数字平台"线上开展直播。他们联合举办的"甘肃省家庭亲子阅读大赛"，吸引 3200 个家庭参与，带动广大家庭爱读书、读好书，推动形成浓厚的书香氛围。

江苏省常州市妇联深入实施"亲子共成长"书香家庭支持行动，于 2015 年成立常州市幸福种子亲子阅读中心，联合 50 所幼儿园组建亲子阅读联盟，在社区、企业、新华书店等设立 15 个公益阅读点，每年组织开展 500 余场亲子阅读、微光读书会、故事达人赛等公益活动，营造浓厚的亲子阅读氛围。常州市连续 12 年举办"小书虫的幸福剧场"亲子绘本剧大赛，家长和儿童共同演绎绘本剧，在亲子共演共读中培育儿童的好思想、好品行、好习惯。

山西省临汾市尧都区打造"呦呦驿站"家庭亲子阅读服务品牌。尧都区妇联自 2021 年起，通过由社区提供场地、妇联按标准配设备、专业团队常态化管理的方式，在全区社区（村）建设 40 个"呦呦驿站"，集阅读新空间、父母学堂、家风家教讲堂、儿童早期综合活动中心、温暖之家、家话沙龙等于一体，定期开展家庭亲子阅读、儿童德育实践活动、故事会、绘本微剧场、亲子游戏、父母课堂等，服务家庭有 20 多万户。

我曾经在《阅读力》一书中讲述被国际出版界称为日本"绘本之父"的画家、作家松居直的亲子阅读经验。松居直力主开展家庭阅读，在他的《幸福的种子》一书里，有这么一段话："我从孩子们很小的时候开始，到他们十岁左右，一直念书给他们听，从没有间断过。我念的书范围很广，其中包括图画书和为数众多的儿童文学作品。我可以保证，到目前为止，我没对孩子们说过一句'看书去'，但孩子们却各自养成了读书的好习惯。孩子们经常听我念书，他们似乎逐渐亲身体验到，书是多么有趣的东西。在真正开始'读书'之前，他们已经彻底地爱上'书'了。"

许多亲子阅读活动可以让孩子更深地爱上自己有书香的家，爱上阅读。

中国儿童文学研究会等单位主办的"未来精英"少年儿童创意阅读季已经成功举办十届。我从头至尾参加了这项活动。其中亲子阅读是这项活动最为温馨又最具挑战性的展示。特别是亲子舞台剧："戏动绘本"立体阅读展示，少年儿童选手向评委推荐自己喜欢的绘本，然后根据绘本改编或原创绘本剧进行绘本立体阅读展示。竞赛要求少年儿童选手必须是主角，家长只能做助演。孩子与家长共同创作，将绘本故事搬上舞台，通过戏剧的形式，让绘本阅读变得立体而生动。在这个过程中，我们分明看得出家长总是尽量把表现、展示的机会让给孩子。家长比较喜欢对孩子设问，孩子在家长具有一定启发性和小小挑战意味的设问下，越发开动脑筋，越发机智、大胆。我经常想，孩子有过一次在大舞台上成功回应家长设问的经历，他的阅读能力、表达能力、应对挑战的能力一定会获得很大提高；在如此亲切互动阅读的亲子之间，自然而然会加深母慈子孝的亲情，有更浓的书香氤氲馥郁，直至孩子在书香的家庭里养成良好的阅读习惯，健康长大。

2024 年 6 月 8 日

爱心陪伴与专业能力

　　近年来为了写作《有书香的地方》，我阅读了不少亲子阅读案例，真可以说故事多多，感想多多。其中有两个深刻体会，一是亲子阅读需要爱心陪伴，再一个就是做好亲子阅读需要有专业能力。

　　说到亲子阅读需要爱心陪伴，很多人立刻想到的往往是亲情之间的爱心。开展全民阅读活动以来，这样的故事我们已经听到很多。在第三届全民阅读大会上，我就听到了这样的事迹介绍。云南省澄江市曹书杰老师用爱心陪伴孩子阅读，陪伴孩子在上幼儿园期间，就完成了 500 本绘本的精读，他还从自家亲子阅读出发，建立起了"好父母"亲子阅读公益课堂。江苏省科学研究人员齐德利爱心陪伴女儿，在女儿还很小的时候，一家人就带着女儿沿着古代地理学家徐霞客的足迹，边行走、边阅读、边科普。同时，齐德利家庭还通过开展地理科普大讲堂，带动了很多家长儿童加入到阅读行列中。

可是，许多年来，在考察城乡亲子阅读时，我们也看到不少孩子的父母自身并没有陪伴能力和阅读能力，尤其是许多孩子的父母远在他乡务工，无法在孩子身旁陪伴，甚至有的孩子父母遭遇了人生的种种不幸，造成了孩子生活在一个不完整的困难家庭。这时候，谁来帮助这些孩子阅读呢？

令我们感到欣慰的是，有不少地方，在各级党委政府组织指导下，妇联组织、基础教育机构、公共图书馆、农家书屋等以不是亲人胜似亲人的大爱，主动去关怀那些困境中的孩子，帮助他们开展阅读。

为此，我们要说，要使亲子阅读在社会广泛开展起来，不仅需要父母亲们更加用心用情地陪伴孩子阅读，还需要社会各界奉献更多爱心，无私帮助更多需要陪伴的孩子开展阅读。

山东省邹平市妇联从 2005 年起组建了第一支"爱心妈妈"队伍，19 年来，团队从最初 10 名"爱心妈妈"的队伍扩大到 426 名。资助的孩子由 10 名扩大到 1200 多名，体现了她们炽热的爱心。

有一位"爱心妈妈"叫丁彩霞。她是邹平市的一家机关单位的工作人员。她结对的困境儿童叫小雨。小雨六周岁时父亲病故，母亲改嫁，与奶奶相依为命。丁妈妈与小雨初识时，小雨快要上一年级了，可是孩子一个字都不认识，更没读过一本书。丁妈妈从陪伴小雨整理书包、介绍书本开始，帮助孩子通过阅读打开认识世界的窗户。她们坚持每天一小时的阅读计划，雷打不动，即便在疫情期间不能每日相见，她也会通过微信指导小雨读书。两年多下来，在丁妈妈的亲情陪伴下，小雨已经能背诵很多唐诗和"小古文"，读过《奇妙大自然科普绘本》等许多科普书籍，更重要的是，小雨已经养成了阅读习惯、始终保有阅读兴趣，阅读能力不断提高，学习成绩在班上出类拔萃。丁彩霞真正称得上是一位"爱心妈妈"！

亲子阅读是一门科学，真正要把亲子阅读开展好，做出成效，还需要家长和志愿者们具有一定的专业能力。当前尤其需要加强亲子阅读的专业指导。

据相关亲子阅读调查发现，有六成的家长期望得到学校和社会组织对科学开展亲子阅读的方法指导。许多父母亲反映，他们只晓得孩子开卷有益，可是，怎样使得孩子爱上阅读，养成阅读习惯，甚至迷上阅读，感到无计可施。许多亲子阅读志愿者虽然有一定的阅读能力，可究竟怎样根据不同年龄段的孩子循序渐进，也还缺少专业研究。看来，开展亲子阅读，尽管有了爱心陪伴，可是如果缺少专业能力，往往还是心有余而力不足，事倍功半。

山东省邹平市妇联、上海市黄浦区妇联在这方面就做了很多努力。如上海市黄浦区妇联发挥"区—街道—社区—家庭"四级联动优势，推动政、社、家、校、企五方共创，全域建成"10分钟亲子阅读生态圈"，还具体到开展家有"一平方"家庭阅读角空间示范改造项目，推出风铃亲子阅读指导工具包，编制儿童分级书目阅读指导手册，为1万余户家庭持续提供高品质、示范性亲子阅读服务。

这些年来，全国妇联系统在家庭亲子阅读工作上有针对性地强化阅读指导，提升服务能力水平。各地妇联都在建立家庭亲子阅读指导队伍，通过开展优秀书目导读和阅读指导讲座、录制音视频导读课程、亲子阅读直播互动等多种方式推广科学阅读理念，大力培育亲子阅读领读者，依托亲子阅读体验基地、家庭教育指导服务阵地、公共文化设施等开展亲子阅读指导服务。让更多的困难家庭受益，更多的孩子在书香中成长。

在第三届全民阅读大会上，我们了解到，全国妇联将结合实施"阳光驿站"项目，启动"送你一缕书香"儿童阅读关爱行动，将在留守儿童集中的200个县开展阅读关爱行动，依托"阳光驿站"设立亲子阅读体验基地，组织亲子阅读指导者培训，开展亲子阅读活动。

全民阅读正在走深走实。亲子阅读是全民阅读不可或缺的重要基础，尤其要走深走实。走深，就要家长们、志愿者们、社会各界倾注更深的爱心；走实，就要按照亲子阅读的规律，尤其是要按照少年儿童心智发育的特点和认知规律，因地制宜，因材施教，引导孩子爱上阅读，学会阅读。我相信，只要有更多的爱心陪伴，又有更好的专业指导，我们社会的亲子阅读必将更加广泛有效地开展起来，让更多的家庭洋溢书香，更多的孩子养成阅读习惯、快乐阅读、健康成长。

2024 年 6 月 23 日

"读书之所在"和"读书之无所不在"

　　早些年，我写过两篇关于阅读环境的随笔，一篇是《读书之所在》，另一篇是《读书之无所不在》，两篇都获得过一点好评。

　　《读书之所在》从书房谈起，说到古代读书人十分重视阅读环境，许多历史文化名城至今还保存着历史文化名人的读书纪念亭阁。现代社会，图书馆和实体书店则是人们最应该利用的读书所在。

　　后来，我又写了一篇《读书之无所不在》。文章检点古今读书故事，得出这样的结论：真正爱好读书的人，只要有书可读，原本是不必讲究什么所在的，读书无所不在！对于读书环境与读书的关系，我引用了清朝重臣曾国藩的一段名言。他说："且苟能发奋自立，则家塾可读书，即旷野之地，热闹之场，亦可读书，负薪牧豕，皆可读书。苟不能发奋自立，则家塾不宜读书，即清净之乡，神仙之境，皆不能读书。何必择地，何必择时……"这是曾国藩给远在湖南家乡的四弟曾国荃的回信。曾国荃早年修书给在京城做大官的兄长曾国藩，希望能去北京的贵族学校读书，曾国藩便作了这一番劝解回复。曾国藩这番言说，可谓振聋发聩，道出了读书的金科玉律。

《读书之所在》获得的好评多在对古今文人的书房乃至阅读环境作了一番欣赏；而《读书之无所不在》一文获得的好评则比较厚重，认为对阅读的精神有较深的阐述。有老朋友击节赞赏：爱读书，身处山野一样读书，不爱读书，雅致的书房充其量也就是摆个样子。

可是，在青少年学生读书行动中，我们却主张校园要高度重视阅读环境的建设。一个中小学校，是不是建成了书香充盈的校园，阅读环境的建设不可缺少。

2021年3月，我去福建莆田市考察中小学生的阅读，发现这里普遍开展"最美图书角"的评比活动，让迷人的浓浓书香飘溢在每一个班级，让读书伴随每个学生成长的脚步，满足同学们随看随取随时阅读的愿望。由于许多学校积极准备，精心布置，使得校园里书香氛围十分浓厚。

在许多学校里，我们都听到校长和老师们共同的一句话：要让同学们对学校图书馆的好书"触手可及"。

2023年4月初，我在山西柳林县参加教师培训活动。活动结束时，柳林镇锄沟村小学校长想请我去看看他们乡村小学。早年做插队知青，我也在农村小学做过代课老师。现在农村小学邀请我去看看，我是一定要去的。

可是，柳林县锄沟村小学哪里是我印象中的农村小学啊，教学设施建筑一点都不亚于城市的小学。尤其是学校的教学楼是大圆筒式的造型设计，完美地融合了锄沟村的古砖窑文化。在教学楼门厅两边，有两台智慧阅读终端系统，这两台机器可以满足学生、教师、家长的需要。大楼里有一个他们号称"阅读瀑布流"的触摸屏，学生们在触摸屏上看到自己喜欢的书籍，就可以点开看一看，也可以通过扫码的方式传送书籍到自己的手机上，还可以去借阅纸质版的。教学楼里，每一层楼的阅读空间都不尽相同，其中绘本资源非常多，有儿童绘本、期刊读物、科普视频等。楼里还有一台"飞行图书馆"，学生可以在这里用人脸识别借书回家。我对校长说，正是因为校长和老师们重视阅读环境建设，才使得一所农村小学的阅读氛围营造得像一座可爱的书山。

学校要重视校园阅读环境的建设，不只是要把校园阅读的物理环境改善，更要让学生阅读的文化环境得到更好地营造。

2023年4月，是青岛市城阳区第二实验小学的读书节。我们走进校园，立刻就有书香扑面。校园里，"咏乐文苑""向阳书吧""乐读吧""咏乐园"等阅读主题场景鳞次栉比，同学们有自由的阅读空间，有充盈的书香气息。校长告诉我，要打造一个学校的"读书无边—阅读空间"。这里有教师读书沙龙，学生诗词联唱，国学小名士诵读经典，杯子配乐诵诗歌……是学校多年坚持书香校园建设，常态化开展阅读活动，致力于培养学生阅读能力的缩影。学校每年4月的读书节都要安排学生读书作品荟萃，呈现在各具年级特色阅读活动展桌前，小学生不同年级不同趣味的读书感想，散发着馥郁的书香。

青少年学生开展阅读对其成长至关重要，而校园阅读环境对学生阅读的开展则影响深远。良好的阅读环境能够显著提升学生的阅读能力和学习能力，能够促进学生的情感发展与社会交往，能够培养学生终身学习的习惯。

2023年3月，教育部等八部门印发的《全国青少年学生读书行动实施方案》对各地各校的读书环境建设提出了明确要求，要求"优化学校读书环境"，各地各校要围绕提高"书香校园"建设水平，积极创设适宜读书的校园环境。方便学生即时阅读、处处可读。营造良好的读书氛围，加强校园读书文化建设。如此坚持下去，我们的学生们不仅能成长为"读书之无所不在"的读书人，我们的校园也才能称得上是书香校园的"读书之所在"。

2024年7月14日

独读书不如众读书

"独读书不如众读书"原是我在生活·读书·新知三联书店出版的《阅读力》(2017)第六章的章名，重点讲述家庭阅读、校园阅读、读书会阅读的方法、价值和作用。书出版后，"独读书不如众读书"这一提法得到不少书友的赞同。

人类社会的阅读，自来就分成两大类，一类是个人阅读，另一类是社群阅读。在中华民族阅读史上，虽然个人通过阅读成为社会精英乃至历史杰出人物的故事多多，可社群阅读对于社会正向发展的推动作用却也不可忽视。中华元典之一《礼记》就有警句："独学而无友，则孤陋而寡闻。"强调的就是读书的交流与互动。《论语》里也有很多关于孔子与学生问学互答的内容。

凡历史上阅读繁盛的时期，无不留下了许多社群阅读的典故。先秦战国时期，魏国创立"西河学派"，齐国开办"稷下学宫"，楚国有"兰台之宫""兰陵之学"，梁惠王、燕昭王倾力招贤，"四大公子"广招门徒，如此等等。大汉四百年，朝廷有太学，地方有"文翁兴学""鸿都门学"，民间到处开书馆、学馆、学舍，更有经馆、精舍、精庐。唐宋文化兴盛，文人雅集，蔚为风气，"或十日一会，或月一寻盟"，以文会友，诗文相和。

随着全民阅读向广博纵深发展，我们发现，在全民阅读中，"独读书不如众读书"，不只是家庭阅读、校园阅读、读书会阅读的方法，其实，开展全民阅读，最应该提倡的阅读方法就是"独读书不如众读书"。"独读书"古已有之，而"众读书"却体现了全民阅读的时代性、群众性、民族性，能不断激发全民族文化创新创造活力，使得全社会形成爱读书、读好书、善读书的浓厚氛围。

近十年来，许多中等以上城市按照建设"15 分钟阅读圈"的要求，建立了一批城市书房，为的就是让城市读者能享受到"独读书不如众读书"的阅读生活。上海市嘉定区建成 30 家城市书房，取名很是亲切——"我嘉书房"。书房实行 24 小时全天开放，就是要把城市书房建成居民们的"我家书房"。"我家书房"里却有许多陌生书友，可见许多读者是乐于"众读书"的。

为了解决乡村阅读的困难，全国累计已经建成农家书屋

58.7 万家，基本覆盖全国所有行政村，惠及近 7 亿农村居民。进入新时代，农家书屋正努力提档升级、提质增效，越来越成为农村居民尤其是孩子们一起读书的好地方。

2023 年暑假期间，在湖南省临澧县佘市桥镇文家店村，我见到农家书屋管理员宋庆莲。她是一位发表过不少优秀儿童文学作品的农民女作家。她管理的书屋里有不少中小学生在读书，我问孩子们，为什么愿意来书屋读书，他们有的说这里书多，有的说这里人多。我问宋庆莲，这些孩子都是村里的吗？她说也不全是，有个男孩就是从县城郊区骑自行车来这里读书。我问那个男孩为什么跑这么远的路来读书，男孩告诉我：宋老师是作家，她能指导我们的作文。

前不久我参加了江苏省玄武湖读书汇的活动。玄武湖读书汇由江苏省全民阅读促进会、江苏省广播电视总台、南京市文学之都促进会等机构联合主办，自 2020 年春季启动，到今年夏季举行了 20 场，已经服务了 5000 余名线下读者与超过 300 万的线上观众。玄武湖读书汇活动的主题是"我们一起读书吧"，一年四场活动，分别是春季读诗，夏季读散文，秋季读小说，冬季读科普，既直接服务于全民阅读，也体现了"世界文学之都"——南京市推动文学创作的特点。2024 年春季读诗的主题就是"春之颂，我们一起读诗歌"，在南京师范大学美丽的校园里举行，吉狄马加、陈先发、霍俊明、胡弦等著名诗人、诗评家和大学生们汇聚一堂，活动最后，线上的读者和现场的来宾以及现场大学生共三百多人，一起合诵了诗歌《沁园春·长沙》，场面十分震撼。

我参加的活动主题为"夏日畅读散文，我们一起读书吧"。夏坚勇、朱辉、何平三位先后获得过鲁迅文学奖的名家围绕散文的欣赏与写作展开精彩对谈，线上线下观众听得都很投入。有意思的是，江苏泰州市一家馄饨店老板、大众作家常玫瑰也来到现场分享她的创作经历。常玫瑰的散文作品在泰州广为人知，目前已在各种媒体平台发表了70多篇作品。江苏省全民阅读促进会韩松林会长告诉我，玄武湖读书汇的主旨之一是"让普通人接近文学，让普通人分享文学，让普通人尝试写作"，在春季读诗活动中，他们还请来了江苏昆山市民间诗人王计兵，在现场分享他挤时间写诗读诗的经验。王计兵是一位非常普通的外卖员，迄今为止他已写有4000多首诗歌。2022年，他的一首《赶时间的人》在网络上爆火，阅读量高达2000万人次。当然，这也是"独读书不如众读书"的一种激情场面吧。

说到"独读书不如众读书"，有人立刻想起古代有一名句"独乐乐不如众乐乐"，觉得这一仿作颇为有趣。不过，我们总会遇到有人把"乐乐"读成"lè lè"，其实正确的读法应该是"独乐（yuè）乐（lè）不如众乐（yuè）乐（lè）"，意思是说一个人欣赏音乐快乐不如和众人一起欣赏音乐快乐。这是出自《孟子·梁惠王下》的典故。仔细想来，我们的"独读书不如众读书"与这典故的精神倒是基本一致的。

2024 年 7 月 21 日

在政协读书与写作

　　说到近二十年来的读书，我首先要感谢政协。2003年成为第十届全国政协委员，很快就有进入书香环境的感觉。在这里，读书学习是政协委员们的基本素养和日常追求。环境很能影响人们的读书。我作为来自新闻出版界的委员，在政协委员们良好的读书氛围里，不仅感到亲切，更受到鞭策与鼓舞，读书学习自然有了长进。

　　说到写作，我既要感谢政协浓厚的读书环境，还要特别感谢人民政协报。人民政协报内容丰富和高格调、高品位、权威性是许多读者一致的评价，而报上的"文化周刊"和"学术家园"令我有惊艳之感。我很喜欢两个园地刊发的文章，它们的文化品位和学术价值都比较高，涵盖了文、史、哲以及艺术等许多领域，作者主要来自历届全国政协委员和民主党派人士中的专家学者，很好地体现了政协"学者云集，名家荟萃"的构成特点。见到政协有这么美好的写作园地，有那么多自己敬仰的前辈大师，甚至是有缘接触过的大家名家活跃于其上，我也有了写作和发表的冲动。

于是，我写了一篇题为《让英雄主义文化走出去》的随笔投给了周刊的"读书专版"。这篇随笔针对当时在推动中华文化走出去的过程中，存在良莠不分，甚至以丑为美，把历史上某些落后腐朽的东西放大渲染的问题，提出要大力推动中华优秀传统文化走出去，尤其是优秀传统文化中的英雄主义要让世人有更多了解。不久，文章刊出，遇到有熟悉的委员，得到他们的点赞，有的还赞扬文章切中时弊。不久，"文化周刊"主编王小宁告诉我，报社主要领导评报，特别表扬了本人的这篇随笔。尽管作为作家，写作受到各种好评甚至奖励乃平常事情，可是，在一份权威大报发表作品并立刻收到报社领导的公开表扬，我还是感觉很受激励。

王小宁主编很善于组稿。她先用领导的表扬鼓励我，接着就对我提出希望，希望我今后多给"读书专版"写稿。这时编辑再乘胜组稿，一般都会胜利组到。如此这般，我便成了"读书专版"的一个作者。

后来，因为年龄原因，我不再担任中国出版集团公司总裁，参与全民阅读活动渐渐多了起来。王小宁主编又对我提出希望，希望我以阅读为主题，为"读书专版"写作随笔，双周一篇。不当总裁，时间稍空闲，参与全民阅读，有了新的兴奋点，编辑组稿既是"乘虚而入"，又是乘兴而上，一般也就事半功倍的了。于是，周刊编辑谢颖、张丽、杨雪……按照主编的分工，相继跟我建立联系，每两周催要一篇稿子，两年多下来，竟然也写了五十多篇。有些文章发表后，获得了一些好的反响，像《一生熟读几本书》《阅读的好时代与坏时代》《善待碎片化阅读》《读书的所在》《读书之无所不在》《舍不得读完的书》《盛世要读忧患书》等许多篇被其他报刊拿去转载。不久，这些文稿竟然也集成了一部书，书名题为《舍不得读完的书》，商务印书馆 2017 年出版，市场反应还不错，重印过两次，入选过全国农家书屋推荐书目。

《舍不得读完的书》，算得上是我关于全民阅读出版的第一部书，后来又出版了《阅读力》（生活·读书·新知三联书店）、《阅读的艺术》（作家出版社）、《阅读力决定学习力——提高阅读力的 11 堂课》（现代作家出版社）、《爱上阅读——学龄前儿童分龄阅读》（大象出版社）、《书是香的》（辽宁少年儿童出版社）、《改变，从阅读开始：阅读与时代变革》（海天出版社）、《有书香的地方：中国全民阅读纪事》（安徽教育出版社）等。为什么我要把后来出版的书目一一列出，显然，因为我之关于阅读特别是全民阅读的写作，发端就在全国政协，在全国政协的人民政协报，在人民政协报文化周刊

的"读书专版"，在报社领导给予我的鼓励和编辑们的支持、
帮助。

人民政协报文化周刊的"读书专版"，创立于 2009 年，
那正是中宣部等 11 部门倡议开展全民阅读，有全国政协委员
提出开展全民阅读提案的时期，人民政协报可谓得风气之先，
开辟"读书专版"，引领全民阅读潮流，带动广大政协委员们
读书学习，建设成为书香政协一个美好园地。

在这个美好的园地里，我们能看到政协委员中各行各业
专家学者和阅读达人纵谈古今万卷图书，享受阅读，受益阅
读，从而见贤思齐，择善而从，抓紧读书，乐于交流，读书
风气渐渐弥漫政协大家庭。

在这个美好的园地里，编辑们就是园地里辛勤耕耘的园
丁，他们登高望远，顺应国家大势，组织重要题材；他们视
野开阔，广纳贤才，紧密依靠专家，勤于发现新人；他们保
持良好的文化修养，使得版面始终品质上佳，生气盎然，让
我们从心底里认定这里就是读书人的家园。

"读书专版"这个美好园地，还不断地与时发展，与时俱
进，成为全国政协承担书香政协建设许多具体工作的团队。
2020 年全国两会期间，由"读书专版"具体承担组织工作，
人民政协报、人民政协网和光明日报、光明网联合推出"全
国两会云访谈"。2020 年 5 月 22 日晚上，围绕"政协委员眼

中的书香中国"这一话题，编辑们邀请时任十三届全国政协常委、副秘书长、民进中央副主席朱永新和十三届全国政协委员、全国政协文化文史和学习委员会副主任叶小文等几位政协委员，进行线上交流。我以特邀嘉宾的身份也参加了那场线上交流。交流的时间将近两个小时。委员们发言踊跃，讨论热烈，谈到加强阅读学习的重要性，谈到如何读书、如何将读书与履职工作相联系，谈到人民政协在推进全民阅读、建设学习型社会的伟大事业中所具有的优势和力量，大家都有许多深切的认识和生动的故事，有说不完道不尽的体会，让我们深深地沉浸在浓郁的书香氛围里。我作为早已完成履职任务的老委员，难得又一次参加委员们的交流，多么希望交流的时间长一些、再长一些，多么留念政协的浓郁书香！

今年 5 月，人民政协报整改版面，"读书专版"保留下来，而且要求继往开来，产生更大影响。消息传来，作为曾经受益于人民政协报的作者，我自然很受鼓舞。编辑谢颖约我为改版后的"读书专版""寻觅书香"栏目撰写几篇随笔，我毫不犹豫就应承了下来，写下了这个栏目的第一篇随笔《中华书香源远流长》。我是从心底里祝愿人民政协报书香永驻，祝愿政协的浓郁书香源远流长。

2024 年 9 月 27 日

智能阅读与全民阅读

虽然人们目前对人工智能技术的价值尚且褒贬不一，尤其是对它与人类社会前景关系的多种可能性还存在质疑，可人工智能技术还是越来越广泛地进入人类生活的众多方面和各个层次。顺理成章地，人工智能技术也越来越热情地参与到人们的阅读生活中，一个新概念已经形成——智能阅读。

智能阅读，是指在 AI 技术的支持下，利用智能设备、算法推荐、大数据分析等手段，实现阅读内容的个性化推荐和定制，阅读过程的智能化辅助和引导，以及阅读效果的精准评估和反馈，从而让阅读变得越来越便捷、深入、高效，而且渐渐有趣起来。

在智能阅读中，变得越来越有趣的是，智能技术可以跟读者开展互动聊天。人类的阅读大多数时候是个人化的，常常是"独学而无友，则孤陋而寡闻"(《礼记》)。即便是青少年学生，他们的课外阅读很多时候还是个人化的。现在智能阅读可以就阅读内容开展互动聊天了，虽然目前聊天还不能海阔天空，讨论也还不能深入浅出，问答时的趣味却也能不时发生——一个读者不期然而然地能跟一部纸书自由问答起来，当然还是有些"空山不见人，但闻人语响"的奇趣。

2024年9月，中国传媒大学出版社出版的研究生教材《全球传播与国际关系》（赵雪波著）正式出版。此书出版，按照学校"AI"战略的部署，采用了由校友参与创办的一家AI科技公司Toysay开发的一款AI导读智能体，为学生的智能阅读提供了直接的帮助。该技术基于NFC+大模型+语音技术，无需下载任何App，只用手机贴近图书封面的智能体，读者即可与作者的数字人展开与本书相关的学术对话，读者对书中某些难以理解的问题可以立即请教作者的数字人，双方甚至可以进行一来一往的讨论。这项AI技术的采用大大提升了学生们的学习兴趣和学习效率，一定程度上实现了因人而异、因材施教、主动参与、及时互动、有问必答等需求，做到了互动性、生动性、沉浸性、趣味性，加上教材本身内容深刻，有一定的创新，学生们普遍反映良好。

智能阅读给人类的阅读带来如此之多匪夷所思的帮助，不由得人们不想入非非。有人以为，只要人工智能技术继续发展下去，岂不是人类的阅读终将彻底告别青灯黄卷、引锥刺股的苦读，一切经卷典籍的解读皆可交由 AI 技术去迎刃而解？2024 年诺贝尔化学奖一位 AI 天才科学家，他的研究表明，人体的 2 亿个蛋白质都可以被 AI 技术研究明白，据说这是 1 万个顶级科学家花 10 万年时间才能做到的事情，他研制出来的 AI 技术大模型不出 10 年就能全部完成。那么，面对这样的智能技术，还有什么阅读不可以交给它完成呢？当下世界许多国家和我国正在大力倡导的全民阅读，AI 技术岂不是可以轻而易举地解决？

然而，且慢。智能阅读尽管可以在阅读的便捷、深入、高效等方面帮助全民阅读更好地开展。可是，我们要弄明白，全民阅读的主要目的究竟是什么。是让 AI 技术帮助我们读书吗？当然不是。简要说起来，全民阅读的目的就是要让我们社会上不读书的人读起书来，让很少读书的人爱上阅读，全社会形成"爱读书、读好书、善读书"的浓厚氛围，而这个目标并不是智能阅读能够替代的。

单说爱读书一件事，就足以要全社会为此做出巨大努力。爱读书，首先就要人们养成阅读习惯，再就是要形成完整阅读的能力。有了良好的阅读习惯，人们才可能意识到"时时有好书，处处可读书，人人爱读书"。可是，目前人们所能接触到的许多智能阅读设备，让阅读随时随地发生，确实带来了前所未有的便捷，这种便捷吸引了大量读者更倾向于利用碎片时间进行阅读，导致读者在选择阅读内容时更加随意，甚至可能沉迷于浅显易懂、缺乏深度的内容，限制了读者的多元视野与思维拓展，这不但不能帮助人们养成阅读整本书的习惯，恰恰相反，还会破坏人们阅读整本书的能力，消解人们的深度思考和专注力。如此一来，爱读书将成为一句空话，善读书也就不可能做到。

可见，智能阅读要更好地为提高国民阅读力发挥作用，还有待 AI 技术在阅读领域的创新发展。而在此之前，传统的阅读，纸书的阅读，还得认真进行下去。

智能阅读与全民阅读绝不应该是对立的存在，而应该是相辅相成、相互促进的关系。全民阅读将使得我们社会更多的人养成良好的阅读习惯，智能阅读的发展将使得全民阅读更加全面、深入、高效地推进，最终实现建成书香社会的美好理想。

2024 年 10 月 31 日

阅读赏析

读书力量的精辟诠释

——《读书的力量》短评

长江文艺出版社新近出版的《读书的力量》，是一部立意高远、视野开阔、内涵丰富且富于艺术感染力的图文并茂的好书，是我国十多年来大力推动开展全民阅读活动的一项重要成果。

多年来，在倡导开展全民阅读的过程中，我已经不止一次听到过这样的疑问，即：为什么要推动全民阅读？读书是一个私人的事情，为什么要用社会力量来推动？我当然就自己所能对这些疑问做过不一定很全面但一定是真诚的回答。现在看来，《读书的力量》对这些问题做了一次全面、深刻、生动的回答，称得上是读书力量的精辟诠释。

《读书的力量》对于人类阅读做出了历史学的阐释。这部作品从文字的起源、书籍的变迁、印刷技术乃至传播技术的革命，展示了阅读是人类文明发展不可或缺的重要推动力量。在人类文明进程中，圣人辈出的"轴心时代"是与当时的阅读繁盛、百家争鸣紧密相关的，中国的盛唐文明与当时持续的诗歌运动紧密联系，欧洲文艺复兴、启蒙运动也是与中国印刷术西传以及古登堡印刷术的发明密不可分，而中国古代封建王朝终结时期的科学民主思想激荡更是与当时的阅读成为因果关系。在历史学的展示面前，每一位现代人不禁要思考，人类文明发展到当下，应当怎样继承和发扬人类阅读的传统。由此便启示了对全民阅读活动历史意义的思考。

《读书的力量》对于人类阅读做出了文化学和科技发展史的阐释。这部作品对人类文化发展和传承与阅读的关系做出了比较全面的展示。科技发展是人类文化发展的重要组成部分，这部作品尤其突出展示了科技发展与阅读不可分割的关系。东西方文明的形成与发展离不开阅读，特别是中华文化的传承，极大的优势在于中华民族最早使用纸张和印刷术，使得阅读得以比较广泛而久远地开展。在人类文化加快发展交流的当下，在科技发展日新月异的今天，阅读将扮演什么样的角色，这部作品给了我们深刻的启示。

《读书的力量》对于人类阅读做出了社会学的阐释。一个文明社会、一个文明家庭，是怎样通过知书达礼来形成，又是怎样通过诗书传家，这部作品尤其做了激动人心的诠释。

特别是钱王世家的故事，娓娓道来，颇具震撼力、感染力。钱王世家的读书故事久有传颂，可是很多人并没有将这些故事与当今的全民阅读联系起来，这就使得全民阅读缺少了名人示范带头的效应。而一个阅读繁盛社会的形成，非常需要名人示范带头的效应。中国历史上，凡是称得上开明君主的帝王，无不会传颂他们重视并身体力行阅读的故事，譬如"文景之治"的汉文帝，自幼愚钝而通过读书成长；一代雄主汉武帝首开汉代太学，起初太学生只有 50 多人，发展到东汉汉光武帝刘秀时期竟然有 3 万多人；隋文帝重视读书，开科举的历史功绩；唐太宗"以史为鉴可以知兴替，以人为鉴可以知得失"，开启贞观之治；宋太宗的"开卷有益"的表率作用，宋真宗的"书中自有颜如玉，书中自有黄金屋"的劝读，等等，都具有带动社会阅读风气形成的积极效应。这部作品对于我国精神文明建设和文明家庭的建设，无疑具有最为直接的示范带动作用。

《读书的力量》对于全民阅读做出了十分形象而深刻的阐释。全民阅读毕竟不只是历史上各种形态阅读的重复，全民阅读是现代的、全民的，应当最具有人文精神。这部作品立足于今天的全民阅读，强调了阅读与国民素质提高的直接关系，强调了阅读将决定一个人的最终高度，也将最终决定一个地区、一个民族、一个国家的最终价值。开展全民阅读，是社会主义制度的中国做出的历史的、科学文化的抉择，最终要实现每一个人的全面发展，实现中华民族的伟大复兴。

这部作品是成功的，其产生的影响将是深远的。这应当是一部国家大书，却是由湖北一省一社之力制作而成，体现了出版社很强的国家意识、责任意识和担当意识，值得赞佩。尽管作品还有一些不足，譬如对访谈名人的选择还有不足，其代表性尚有欠缺，再有就是全民阅读的生动内容展示得不够，以至于我们认为应当要出版续集，以求充分展示全民阅读的力量。尽管如此，就同类题材而言，这部作品已经堪称出类拔萃，具有较强的代表性，值得予以广泛传播。

2018 年 4 月

"读书人"为什么不读书

——读新闻有感

"读书人"，这是我国传统社会很多地方老百姓对文化人的尊称。记得早年间，在我的家乡，广西的一个偏远县城，那里的中小学老师自然而然会得到人们这样的尊称。日常生活中，有时某老师有了好的表现，就会有人赞誉：人家是"读书人"！倘有人粗鲁对待老师，就会有人出来劝阻：不要这样对待人家"读书人"。

可是，今年年初，读网络新闻，一位教育界名人在网络上说：有很多中小学老师，一年不读几本书，怎么可能教得好我们的学生！好像这位名人几年前还写过文章，指责中小学老师不读书的现象，他写道：中国的中小学老师都不读书，我们又怎么希望我们的学生读书？

前不久，参加一个中小学生阅读素养教育论坛，听到一个更为刺耳的说法，说是：所谓校园阅读，就是一些不爱读书的老师带领一群同样不爱读书的中小学生阅读中外名著。这个句式很像出自漓江出版社上个世纪出版的《魔鬼辞典》，俨然一派决绝的反讽态度！

说实话，因为自己很少涉足中小学教育，对于上述一些指责，我是将信将疑的；更由于我家乡那偏远县城中小学老师留下的"读书人"印象，我甚至不太乐意别人做这样的反讽。其实，关于中小学老师不爱读书的话题并不是今天才出现的，虽然有一些中小学老师不爱读书，可未必所有中小学老师都不爱读书。特别是，在我国全民阅读活动比较普遍开展之后，在我国中小学教育课程改革以前所未有的力度由应试教育向素质教育转型，以前所未有的强度开展校园阅读的当下，中小学老师的阅读状况不至于如此不堪吧？

然而，现实就是很骨感。

就在那次论坛后不久，前些天，一个偶然的机会，我得到了一份某教育权威机构的关于中小学阅读状况的调查报告。调查机构对长三角地区某省一个县级市的小学师生 2019 年阅读状况做了比较全面深入的调查，共采集到 48416 份问卷，其中，学生问卷 21125 份，教师问卷 1848 份。调查得出的数据表明，这里的小学老师们读书状况明显不如自己的学生们，进一步坐实了中小学老师不读书的指责。

调查机构在这次采集数据的基础上，综合测算出该市小学生阅读指数为 82.73 点，而教师阅读指数只有 52.60 点；学生的图书阅读率为 99.8%，期刊阅读率为 99.6%，教师这两项指标分别只有 78.7% 和 53.6%；学生平均全年阅读图书 9.21 本，教师平均全年阅读图书只有 4.54 本。而调查机构同时还测算出该市的学生家长的阅读状况更为不妙，其图书阅读率仅为 43.8%，期刊阅读率低到 20.4%；学生家长平均全年阅读纸质图书只有 2.32 本。

调查报告就是骨感而且现实。在调查报告面前，既无须指责，也不必反讽，我们需要做的就是弄明白这一现象后面的种种原因，进而想清楚究竟怎样才能改变这一窘况。

"读书人"为什么不读书？对此已经有过多年的讨论。其中不少教育专家指出，出现这样的现象乃是既往的社会环境和教育制度所致。有的专家甚至总结出若干原理机制，认为老师不读书，乃是出于生物学自然选择原理、物理学能量最低原理、经济学机会成本原理等，想来不无道理。

所谓自然选择原理，无非是指当今社会不爱读书并非仅限于老师，而是整个社会的通病。当"读书无用"的价值观在社会许多方面表现出来的时候，当许多教育管理者把应试教育考评办法更多地与教师自身利益紧密挂钩之后，在这样的社会风气和教育体系里，怎么能独独要求老师们青灯黄卷、静心读书？

所谓物理学能量最低原理，无非是指老师们不读书也能完成教育管理者所要求的考核指标甚至有的还高光受奖。老师们对应试教育已经轻车熟路，而读书不过是深化个人的修养，于应试往往无补，大体是没有必要在古今中外名著的阅读中消耗太多能量。

所谓经济学机会成本原理，更容易成为老师们读书与否的机会选择。教育管理部门评价老师优秀与否，往往用的是师德、素养和业绩。师德无法量化，往往止于没有闪失；素养也无法评价，往往囿于某些测评和主观评价；唯有业绩，直接的评价办法就是学生的考试成绩。许多学校的激励机制直指考试分数。如此一来，老师们最重要机会的成本自然要用在琢磨应试上。学生考好，一好百好；学生考砸，老师只好认输。如此一来，老师们的机会成本必定要放在带领学生苦练真题、琢磨考点、对付考试上。

更为残酷的现实还在于社会环境。倘若学生应试成绩不好，老师越是爱读书满腹经纶，越是不受人待见，甚至成为社会上的一个笑话。我们社会有一个特别经久不衰的偏见，在世人的眼中，书呆子总是远比不读书的人可笑。这个偏见来到校园里，大体就演变成业绩不佳的老师并不可笑，反而是业绩不佳而又爱读书的老师才可笑。

关于"读书人"不读书的原因我们还可以列举若干，然而，更重要的问题是要想清楚如何改变这一窘况。其实，这些年来，教育界一直在不断地革新图变，所谓中小学老师不读书的问题终会不断有所改变。特别是自1999年全国教育大会提出由应试教育向素质教育转变的任务以来，关于校园阅读问题不断地被提出，直至推动了中小学的课程改革，在近几年的高考试卷里，对考生阅读能力的考查分量越来越重，我们的"读书人"——中小学老师们会安之若素地照样不读书吗？当然不会。教育界历来都有"高考指挥棒"一说，那么，既然"高考指挥棒"已经非常明确地指向阅读，我们的老师们总该毫不犹豫、义无反顾地带领学生们操练阅读了吧？

然而，且慢！前面我们提到教育界名人的指责和专家们的反讽，特别是权威机构的调查报告，可都是近期的事情。也就是说，事情远不像人们想象的那么简单，似乎还不能以为只要高考风向一变，于是一切皆变，不读书的老师立刻就能变成爱读书、善读书的人。

大体来说，现在的老师们原本也是应试教育培养成长起来的，他们对应试教育那一套已经熟稔于心，可以说是驾轻就熟。现在陡然间凸显阅读的要求，而阅读学是一门科学，指导中小学生阅读更不是张口就能说的，应试教育培养出来的"读书人"怎么可能马上变成素质教育的"读书人"？

譬如，按课程标准规定，四大古典文学名著是七年级至十二年级的必读书，那么，语文授课老师总得要读过甚至是熟读它们才行，而且还能对学术的阅读有所提示甚至指导吧？可是事情并不像想象的那么简单。就拿七年级学生阅读《西游记》为例。通常情况下人们会认为作品的内容不太复杂，轻而易举就能掌握正邪忠奸，老师指导阅读的难度不大。事实上，作为小说的《西游记》已经被根据《西游记》改编的各种连环画，特别是电视连续剧《西游记》的演绎弄得只剩下神通广大、生性调皮的孙悟空和颠顶可笑的猪八戒、容易受妖愚弄的唐僧以及各种妖怪的兴风作浪，正邪忠奸的辨认比较清晰，因此，有老师表示很难和学生进一步讨论这部作品的思想内涵。其实，作为小说，这部作品还有许多内涵值得学生们去阅读理解。小说中对仙家、妖怪、鬼魅不同层次的描写，可以让学生们理解到作者不同的价值态度。为了让学生对《西游记》产生一定的阅读和互文的思辨，老师还可以把这部作品看成一部成长小说。在引导学生阅读时，让他们从孙悟空成长的主线来理解这个人物成长和挫折的过程。其中可以特别提醒学生注意《西游记》中"紧箍"这个关键物件。出于对孙悟空的热爱和不喜欢唐僧不辨正邪的愚钝，很多学生是很反感唐僧念紧箍咒的，这种阅读心理当然无可厚非。可是作为思辨性阅读，老师们还是不要忘记引导学生理性地对待"紧箍"的作用。何况此外还有黑熊怪、红孩儿也都戴上了"紧箍"，从而让读者对他们改邪归正有了信心，也就是说，"紧箍"对于任何神通广大的人物都是必要的。如果老师能对《西游记》做这样一番导读，相信可以激发学生阅读的兴趣和做进一步讨论的热情。

对于其他三部名著，解读起来则需要更多的实践和研究。我在刚刚出版的拙著《阅读力决定学习力——提高阅读力的11堂课》一书中尝试做了一番讨论，提出"在《水浒传》中看英雄""在《三国演义》中长智慧""在《红楼梦》里看悲剧"，主张学生在中学阶段阅读名著时要提倡思辨阅读，努力形成良好的思辨习惯，掌握正确的思辨方法。

诸如此类的名著阅读要求，在以往的语文教学课程中并没有对学生特别提出过，更没有对老师的教学强调过，老师们的读书和教学自然也就显得不是那么紧要。现在既然教育课程改革已经逐步提高中小学生开展阅读的要求，环境改善了，机制转换了，标准也变了，老师们有什么理由顽固地不读书呢？

放心，我们的老师本来就是"读书人"。

2020 年 9 月

韬奋先生的阅读与信仰

我一直打算写一篇文章介绍韬奋先生的阅读经历。

关于韬奋先生在新闻出版事业上的伟绩和精神风范，我曾经写了一本小书《韬奋精神六讲》作过介绍。可是，关于韬奋先生的阅读，我却不曾专门介绍过。

为什么我要介绍韬奋先生的阅读经历呢？缘由来自韬奋先生的爱女邹嘉骊。一次，我去上海看望邹嘉骊老师，嘉骊老师对我说，韬奋申请入党，那是真正信仰了马克思主义的，他的信仰既来自实践，也来自阅读学习；在英国大英博物馆图书馆，韬奋读过很多马克思主义著作，他是从思想上接受了马克思主义，信仰马克思主义。

嘉骊老师讲得深刻透彻，激发了我探寻韬奋先生阅读经历的强烈兴趣。

阅读造就家国情怀

韬奋先生在他的自述《经历》一书中谈到自己早年的阅读。早在南洋公学和圣约翰大学求学时期，他就把《古文辞类篡》《经史百家杂钞》《王阳明全集》《曾文正全集》和唐宋八大家的各个专集（特别是《韩昌黎全集》），以及《明儒学案》等重要古代经典，都"完整读过"。曾国藩、胡林翼、曾纪泽的《三名臣书牍》这类书籍更是青年韬奋所爱。他在自述《经历》一书中坦言："我却不是崇拜什么'名臣'，只觉得这里面的文字都很精悍通达，对于他们处理事务的精明强干，尤其是物色人才和运用人才方面，感到很深的兴趣。"扎实的传统文化知识，强化了韬奋先生传统文化的素养。

在吸收传统文化营养的过程中，青年韬奋对家国情怀和奋斗精神具有特别强烈的兴趣。他认为："君子进德修业，欲兼善天下，初非为独善其身计也。"因此，他对大禹、孔子、王阳明等圣贤推崇备至。他认为："大禹，古之圣王也，治滔滔之洪水，拯芸芸之众生，民到于今受其赐"，"孔子，古之圣人也，挽既溺之世风，传一线之道绪，东亚道德赖其维"，"王阳明，近世之大儒也，悟格物致知之学，倡圣贤良知之旨，振人心之萎靡，惠后进以无穷"。他不空谈爱国，坚持认为国家名誉与国民息息相关，"故爱国者，非爱国而爱国也，乃爱己而爱国也，以吾国之名誉，即吾之名誉也"，"故不爱国者，谓之不爱己焉可也"。这种强烈的爱国情怀体现在他的日常行为特别是后来从事的新闻出版事业上。

五四新文化运动前后，大量时事书刊成为青年邹韬奋热烈追读的对象。《新民丛刊》《甲寅杂志》《时报》《申报》《东方杂志》等都是他在自述中提到的著名报刊。他对胡适发表在《新青年》上的一些文章发表过不少感想，由此推想，他也是阅读过《新青年》的。在这一时期，韬奋还阅读过一大批英文著作，尤其对其中与教育救国相关的著作产生强烈兴趣，并翻译出版了多部名著，其中有英国哲学家罗素的《社会改造原理》、美国教育心理学家贾伯门的《职业智能测验法》和杜威的《民本主义与教育》等，编译出版了介绍欧美科学教育知识的《科学底基础》《卫生会议》《穆勒底实验方法》《职业教育研究》《职业指导》等一批书籍。由此可见韬奋的阅读面相当广阔。

邹韬奋早年历尽千辛，不仅通过勤工俭学自筹学费生活费，还要负担两个弟弟的学习费用，然而"位卑未敢忘忧国"，他想的更多的是国家、社会的前途命运。青年韬奋在阅读了大量古今中外典籍后，写下了一篇《不求轩困勉录·学生十思》，指出有志的青年学生应当"思国家""思父母""思师友""思先哲""思幸福""思光阴""思希望""思责任""思励学""思敦品"，表达了他强烈的家国情怀和人生方向。

阅读探寻救国救民道路

韬奋先生 1926 年主编《生活》，确定刊物的宗旨为"暗示人生修养，唤起服务精神，力谋社会改造"，体现出他热爱读者、关心社会、服务大众的出版精神。本着这样的出版精神，5 年时间，他把一份籍籍无名的小刊物办成了全国发行量最大的周刊。而韬奋先生之所以成为杰出的出版家，不仅在于他创造了《生活》周刊的奇迹，更在于他此后创办经营生活书店、《大众生活》周刊《生活日版》《生活星期刊》《抗战》三日刊、《全民抗战》五日刊和香港《大众生活》周刊时强烈表现出来的"为救国运动，为民主政治，为文化事业，奋斗不息"（中共中央唁电）的精神。而这一精神的形成，既源于国家民族救亡图存的严酷现实，也来自韬奋先生坚持不懈的阅读。

韬奋先生坚持不懈地阅读是有名的。他有一句名言："我本人是且做且学，且学且做，做到这里，学到这里。"

正因为"且做且学，且学且做"，韬奋先生读了中共秘密党员胡愈之撰写的《莫斯科印象记》一书，立刻写出读后感《读〈莫斯科印象记〉》，热情推荐此书，并在《生活》周刊上发表，随后即前往拜访胡愈之，并讨论"九一八"事变前后国内外形势的各种问题。双方相谈甚欢，意气相投，韬奋当即聘请胡愈之为《生活》周刊作特约撰述。

合作之初，胡愈之还不太了解邹韬奋的胆识，写了一篇《一年来的国际》交予邹韬奋。文章的内容主要是评述英、美、德等资本主义国家的经济危机以及其内部及相互间的矛盾，介绍苏联的建设成就，预言"九一八"事变将成为第二次世界大战的序幕。在当时谈共色变的形势下，发表这样的文章，主编是要冒一定的政治风险的。韬奋却一字不改地将其刊登在《生活》周刊 1931 年的"国庆特刊"上。胡愈之感到韬奋有胆识、有勇气，从此便应韬奋邀约，参加到《生活》周刊社的一些重要组织、策划工作中来，并以"伏生"的笔名为《生活》周刊写稿，先后发表了《大众利益和政治》《革命的人生观》《贪污论》《廉洁论》《领袖论》等一批政论文章。这些文章用马克思主义观点，分析错综复杂的国际形势和国内问题，分析社会现象，针砭时弊，有的放矢，深受读者欢迎。

正因为"且做且学，且学且做"，韬奋先生与胡愈之同志在写作和出版上的合作，成为双重受益者，既提高了《生活》周刊的质量，受到读者更热烈的欢迎，自己又作为这一系列文章的第一读者，获得了阅读和启迪。正如胡绳主编的《中国共产党的七十年》所指出："在团结广大爱国者、发展进步力量方面一个十分成功的例子，是共产党人对《生活》周刊主编邹韬奋的帮助。《生活》周刊原来的内容主要是谈论个人修养问题，进行一些'职业指导'，其政治思想倾向属于爱国的民族资产阶级。九一八事变使邹韬奋受到强烈的刺激。他在共产党员胡愈之等人的帮助下，很快走上抗日救亡的道路，靠近了党。"

正因为"且做且学，且学且做"，在胡愈之等人的影响下，邹韬奋的思想转变很快。他很注意阅读中外出版的介绍苏联情况的书籍，对于当时苏联社会主义政治制度、经济建设和文化建设等各个方面都进行过研究，并且在《生活》周刊上做了系统介绍。

韬奋先生通过坚持不懈地阅读，一直在努力探寻救国救民的道路。

阅读筑牢理想信仰

1932 年 12 月，韬奋先生参加了由宋庆龄、蔡元培等人组织成立的中国民权保障同盟，并当选为同盟的执行委员。他为救国运动和民主政治尽了自己的努力。国民党对此大为恼火，将他列入暗害的黑名单中，迫使他于 1933 年 7 月至 1935

年 8 月间出国流亡。

邹韬奋出国流亡期间，对欧美社会进行考察，从而成为他思想得到巨大提升的重要机会。首先是在对法国、英国、德国、意大利、美国、苏联等国家的考察中，他在资本主义国家里所看到的是少数人过着奢靡的物质生活，但精神生活异常空虚；在社会主义国家苏联看到的是政治、经济、文化的进步，人们的精神面貌积极向上。再就是他在英国伦敦的阅读和研究。韬奋先生在海外两年时间，前后 3 次共有 14 个半月是在伦敦度过的。在伦敦，他大量时间是在大英博物馆图书馆伏案阅读，精读了一系列马克思主义著作，也就是邹嘉骊老师所说的韬奋先生"是从思想上接受了马克思主义，信仰马克思主义"的阅读。

我把韬奋先生在伦敦图书馆阅读马克思主义著作称为"精读"，绝非溢美之词，而是有据可查、有书为证的。最直接的证据是他做了数十万字的读书笔记。回国后，在"七君子事件"中遭迫害坐监时，韬奋在监狱里把这些英文笔记中的一部分翻译成中文结集成书，于 1937 年由上海生活书店出版，书名为《读书偶译》。一个人读书，没有读书笔记，难以确认他是否精心阅读，而一个人的读书笔记能够结集出版，那就足以证明他的读书质量是经得起检验的。

读到《读书偶译》，我不仅要佩服韬奋先生的阅读之精，更要叹服他的阅读之广、研究之深。我们可以从全书的目录窥其大略。该书的"目次"主要有"马克思研究发凡""黑格尔对马克思的影响""马克思所受的其他影响""马克思的理论体系""马克思的历史解释""唯物史观的解释""唯物辩证法""马克思的经济学""关于价值论""恩格斯的生平和工作""恩格斯的自白""列宁的时代""列宁的生平""列宁的理论"等。邹韬奋全面、系统地学习了马列主义理论，并对革命导师们产生了强烈的爱戴之情，他写道："革命思想家的奋斗生活，常常能给我们以很深的'灵感'。我每想到马克思和列宁的艰苦卓绝的精神，无时不心向往之。"读书笔记涵盖了马克思列宁主义的基本观点，标志着韬奋先生思想认识的巨大提高和成熟。自此，通过自己丰富的实践和深入的阅读研究，韬奋先生坚定地树立了马克思主义的信仰。

此后，在美国考察时，韬奋先生与中共留美人士徐永焕谈及自己思想的变化情况，坚定地表示："社会主义与资本主义不是可以任意选择的两条路，中国民族的彻底解放，只有在社会主义的无产阶级政党的共产党的领导之下，才能获救。而且也必定朝着社会主义的方向走去。"他们还讨论了加入中国共产党的问题。出国时，韬奋先生"实带着苦闷和憧憬而去"，归国时，他不仅具有在国内生活斗争中的深切体会，还有了对不同社会制度考察获得的深刻认识，更拥有了马克思主义的坚定信仰，从而明确了今后的奋斗目标和前进方向。他激情写道："时代的巨轮一天一天更猛烈地向前推进着，只能是革命和反革命的两条线路，没有什么中立的余地了。"至此，韬奋先生已经从家国情怀、探寻救国救民道路踏上了共产主义战士的征途。

2022 年 1 月

以"中华"之名为文化守护

——读徐俊《翠微却顾集》

　　我从未像读《翠微却顾集》这样强烈地感受到中华传统文化中的空间与时间、光荣与艰辛、古代与当代、国家与文化、今人与古人、学人与编辑出版人等各种因素如此真切鲜活地活跃在具有 110 年历史的著名出版机构中华书局里，由此而形成的巨大而奇异的魅力。毫无疑问，徐俊先生的这部新著，一如既往显示着中华书局的内在力量和一以贯之的精神品质，显示着书局创始人陆费逵留下的精神财富和文化基因；一如既往自觉担当着国家民族的文化使命，以"中华"为名，与国家同命，以文化自许，与时代同行；一如既往有着出版业对文化本质的坚守，有守正出新、继往开来的不懈追求。而《翠微却顾集》之所以给予我特别强烈的感受，乃是因为这里有鸿篇巨制"点校本二十四史""十三经清人注疏"、《资治通鉴》《全宋词》《尚书校释译论》《唐六典》《魏晋南北朝史论集》《新旧唐书合注》《管锥编》《全唐诗补编》等60余年来钩沉修整出版的准确纪事。更重要的是，鸿篇是学人的鸿篇，巨制是编辑出版人的奉献，最为感动我们的是奉献了如此之多鸿篇巨制的可敬的学人和编辑出版人。《翠微却顾集》用大量篇幅真实讲述了顾颉刚、宋云彬、赵守俨、王仲闻、王仲荦、何兹全、张政烺、周一良、田余庆、启功、蔡美彪、金灿然、周振甫、傅璇琮、程毅中等一众通儒硕学，为着优秀传统文化的守护和传承，带着各自独有的学识和禀赋，秉承"强毅、专一、前进"的精神，殚精竭虑、呕心沥血，忘我工作、无私奉献的感人往事。

《翠微却顾集》并不是一部情感浓重的回忆录。我们珍重它的却在于它行文中情感的冲淡，在于它不动声色的讲述和不做标签思维的文风。徐俊不矫饰，文风一如作风，行文犹如做人，他要的只是本色。他仔细搜集和展示最具说服力的原始文献，让我们睹物思人、睹物思前辈、睹物思往事、睹物动情从而感慨系之。他平实地讲述往事。他不抒情，他纪事。这里是学人的来龙去脉，这里是编辑出版人的前因后果，他让我们在不动声色的讲述中坚信往事真切存在，笃信精神值得传承和弘扬。

读《翠微却顾集》，我首先对书中有关二十四史点校和修订的文章格外关注。这大约是因为早前我在中国出版集团公司任职时曾有幸参与过国家"十一五"规划期间重点出版工程"二十四史及《清史稿》修订工程"启动工作的缘故。读了书中《宋云彬：点校本"二十四史"责任编辑第一人》《从〈史记〉修订本谈点校本"二十四史"的修订》《二十四史点校整理的回顾与现状》以及记述了《五代史》等诸史点校与修订过程的数篇文章，对中华书局与国家文化建设的密切关系不由得深为感叹。

书中的数篇文章对中华书局长期组织整理点校本二十四史的过程做了相当准确的回顾。点校本二十四史是毛泽东主席指示、周恩来总理亲自安排，由中华书局组织全国百余位文史专家，历时20年（1958—1978）完成的新中国最伟大的古籍整理工程。二十四史点校工作于1958年在毛主席的指示下启动，此后，在中央的直接安排下，许多学者从各地奉调进京，三次集中校史，一时蔚为文史学术界的盛况。第一次是1963年到1966年，在翠微路，中华书局人称之为"翠微校史"，第二次是1967年有过短暂恢复，第三次是1971年到1978年的"王府井校史"。 1971年，时值国家特殊时期，经毛主席批示同意，周总理当天即指示：请中华书局负责加以组织，请人标点二十四史，由顾颉刚先生总其成。而此时中华书局员工还下放在湖北咸宁向阳湖干校劳动。正是因为这个批示，书局员工得以在 1971 年陆续回城，第一批回城的就是参加二十四史点校的编辑。

中国是世界上唯一拥有 4000 年完整连贯历史记载的国家，这样说的最重要依据就是二十四史的存在。新中国成立后，中华书局 1958 年即启动二十四史点校工作，无论是在国家困难时期还是特殊时期，始终坚持往前推进，强烈体现了自觉担当国家民族文化使命的精神，准确选择了与国家民族同命运共前进的发展道路，成功创建了中华书局保持至今的出版格局和核心品牌——古籍整理和传统文化出版，中华书局这才迎来了 110 年局庆的高光时刻。

读《翠微却顾集》，我为书中记叙的一批专家学者与中华书局大量精诚合作的故事而感动仰慕。

出版界一直有着"作者是出版社的衣食父母"之说，作为出版从业者，我当然是深以为然的。不过，此说并不能全面体现出版者与作者的种种情缘。深究起来，许多出版者与作者还有合作过程中结下的深厚友情，为了共同事业而互励互助，共同成就，也常常成为写作界、出版界的佳话。当然，最为重要的是，作为一家出版机构，高质量的作者队伍乃是其不断发展壮大的不可或缺的重要力量。

书中关于点校本二十四史的文章记载，当年，一批学养精深的史学家、文献学家和编辑家参与二十四史点校工作，顾颉刚、陈垣、郑天挺、翁独健、唐长孺、王仲荦等先生都是断代史方面的顶级学者，中华书局依靠这些顶级学者以及众多优秀学者集中校史，确保点校本二十四史成为海内外学术界最权威、最通行的版本，从此享有国史标准本的美誉。

书中有众多篇什谈及专家学者与中华书局的关系。《中华书局的良师益友——怀念何兹全先生》《望之俨然，即之也温——怀念田余庆先生》《中华版图书他题签最多——记忆中的启功先生》《细微处见精神——追忆刘浦江与点校本辽史修订》《张政烺先生与中华书局的因缘》《郑天挺先生与中华书局》《送赵昌平先生最后一程》《平实而通达的引路人——追怀蔡美彪先生与中华书局的情谊》《书札中的雪泥鸿迹——中华书局所藏向达致舒新城书札释读》《王先谦〈新旧唐书合注〉的前世今生》等篇，最能说明专家学者与中华书局之间亲切深厚的合作情谊。这些文章一一展现了专家学者深厚的学养、严谨的治学和对中华书局的信任，生动讲述了学术力量和学术资源在打造传世精品，为优秀传统文化的传承传播贡献力量的故事。

书中还忆及许多专家学者与中华书局的深情厚谊。启功先生总喜欢说中华书局是他第二个家。书局迁到北京丰台区六里桥新址，年近九旬高龄的启先生特地从北师大远足来到城西南书局新址，看望编辑们，跟书局员工们合影，交谈甚欢，给中华书局人留下了绵长的温情和眷念。书中还回忆到年逾九十的何兹全先生自称"中华同事"，为《何兹全文集》的出版，数次乘坐公交车来中华书局送文稿和资料，很是让年轻编辑们心中不忍。文集出版后，先生了解到当时中华书局经济上正面临暂时困难，遂毅然决然辞谢稿费，并坚决与书局签下不取稿酬的补充协议，其仁厚宽宏和古道热肠令人感动。

读《翠微却顾集》，我在为专家学者们与中华书局精诚合作而感动仰慕的同时，还要对出版业同行——中华书局的编辑出版家们表达由衷的感佩。

中华书局的百年大厦，是所有中华书局人共同创建的，是历代中华书局人同舟共济，在学术智慧和时间生命上无私奉献的结晶。《翠微却顾集》中重点回顾了贯穿二十四史点校工作始终的三位学者和编辑专家，即顾颉刚先生、宋云彬先生和赵守俨先生。1971年以后，顾颉刚先生受命负责"总其成"，用一周的时间写就了题为《整理国史计划书》的万字长文。二十四史点校本出齐后，70岁的顾先生还写了一篇长文来总结，主题则为"努力做好古籍整理出版工作"，体现了可敬的老一辈学者在专业上有始有终、追求完美的精神。宋云彬先生在二十四史点校起步阶段，做过巨大贡献。1958年刚在杭州被错划为右派的宋先生被调到中华书局工作，9月

13 日抵京，也正是这一天前四史工作正式启动，他立刻一心扑在编辑工作上，可谓宠辱皆忘，9 月 16 日他就写成了"关于标点《史记》，集齐三家注的若干问题"的建议。建议文稿清晰梳理了标点、专名线、规范以及专名线涉及的人名、地名、区域名、官名之间复杂的关系。徐俊认为，这是一篇非常重要的有关现代古籍整理的发凡起例之作，今天有幸看到宋云彬先生一笔不苟的毛笔手稿，心中不禁无限感佩。赵守俨先生则是二十四史点校工作的实际主持人。赵先生 1958 年进入中华书局，完整地参与了历时 20 年的点校工作，同时也就成为中华书局历史学科古籍整理项目的直接规划者和实施者，甚至为 1982 年后全国的古籍整理规划工作也做出了重要贡献。

中华书局编辑家们的认真而又具有高水平的工作往往成为学术界和出版界的佳话。《翠微却顾集》中记载了周振甫先生为钱锺书先生的巨著《管锥编》写出数万言的审读意见，王仲闻先生为《全宋词》编辑审读写下厚可盈尺的审稿意见，都是最典型的编辑工作事例。钱锺书先生采撷了周先生许多精当之论补充到书中，并在序言中写下"小扣则发大鸣，实归不负虚往，良朋嘉惠，并志简端"，真诚表达了谢意。唐圭璋先生在《全宋词》的合同署名栏亲笔补上王仲闻的名字，除了他们的高风亮节，可以说是编者作者相互成就的最好诠释。

《汪篯与中华版〈唐六典〉点校本》一文生动讲述了著名学者汪篯先生受邀参与编辑中华版《唐六典》点校本的故事。20世纪60年代,汪篯先生带着严重的肠胃病,用了一个月,每天连续十小时地审读,完成了陈仲夫先生点校的《唐六典》的第一遍审读。"有一段时间,汪先生每晚到陈先生家商讨书稿中的问题,有时为了一条校记,甚至是据哪部书而争得面红耳赤,不欢而散。第二天,汪先生仍然前往,二人争论依旧。"汪先生的认真和高水平的工作感动了陈先生,陈先生后来在书中《后记》诚恳写道:"虽然是由我独立完成的,实际上却包含着众多师友,特别是汪篯、柳宪(《唐六典》责任编辑)两位先生的心血。"足见老一辈学人信义谦逊的气度和书局老一辈编辑家的影响力。

出版业内许多编辑对首届韬奋出版奖获得者周振甫先生的编辑业绩不仅熟稔而且引为典范。我对周先生更是一直保有高山仰止一般的崇敬,曾经为寻找更多关于周先生的资料,向徐俊先生寻求过帮助。现在,《翠微却顾集》正好满足了我的需求。书中关于周振甫先生的编辑往事记载甚详,共有《春雨润物细无声——周振甫先生琐忆》《周振甫〈管锥编〉选题建议及审读报告》《周振甫〈管锥编〉审读意见——附钱锺书先生批注》《周振甫〈谈艺录〉补定本审读意见——附钱锺书先生批注》多篇，既有周先生关于《管锥编》《谈艺录》二书完整的编辑资料，还有周先生作为编辑大家的治学、为文、为人的风范。《春雨润物细无声——周振甫先生琐忆》一文说周先生是一个典型的谦谦君子，不善言辞，但和蔼可亲，然而，且慢，其实周先生乃是贵人语迟。文中记载，1997 年 8 月中央电视台东方之子节目主持人与周先生做访谈，问他：因为工作的原因，您最终没有成为一个职业的学者，您觉得遗憾吗？周先生用浓重的乡音淡淡地回答：中华书局给我编审就可以了。这是多么高妙的对答！请问，职业的学者和中华书局的编审，岂有高低之分？周先生淡淡的回答说明了许多。

读《翠微却顾集》，可以读到中华书局大量的出版实例，在大量实例里彰显了专业出版的工匠精神。

出版是大众传播，可出版还是一项专业的文化事业，任何时候都不能忽略它的专业属性。宋云彬、周振甫二位先生在专业出版上的工匠精神最具代表性。《翠微却顾集》中《宋云彬：点校本二十四史责任编辑第一人》《全唐诗补编编辑工作回顾》《要有机会去打一口深井》等篇和所有介绍周振甫先生的文章，都对中华书局秉承的工匠精神作了生动详细的讲述。

《翠微却顾集》书中多处介绍了中华书局的选题调研、体例设计、内外部审稿制度，让我们了解到书局是如何通过制度化管理来保障出版物质量的。其中《二十四史点校整理的回顾与现状》一文全面介绍了二十四史修订工程的各项管理办法，足以使得从事出版业 40 余年的我深为叹服。

首先，中华书局确定了二十四史修订工程有三项基础工作：第一是全面清理点校工作档案，了解当年的点校工作过程、体例形成过程，以及各史特点和点校本主要遗留问题；第二是系统搜集梳理各史出版后有关点校本的意见，查找学者关于标点疑误的文章，全面了解在学术界使用过程当中，发现并指出的点校本存在的主要问题；第三是编辑部集中走访原点校本承担单位和在世的点校参与者及弟子门生，了解情况，听取意见。通过这些工作，负责修订工作的编辑们才能知晓修订工作的着力点，提早注意有可能会出现的问题。

中华书局为二十四史修订工作制定了一系列的制度。其中，确定了对二十四史修订工作各史承担单位及主持人遴选的三个原则：一是尽可能地考虑原点校单位；二是如原点校单位不承担的话，尽量考虑断代史或专题文献整理研究重镇；三是重点考虑学术带头人及学术力量配备等诸多因素。再就是确定了修订工作的总则和工作流程：第一是"工作本"制度，要求各本所有异文都要记录在工作本；第二是修订本长编制度，中国史学的传统就有长编制度；第三是专家审稿制度，专家审稿贯穿方案设计、样稿确定、定稿全环节，专志、专传聘请专家纵向把关。最后还规定有编辑组审读制度和编校部校对制度。在全稿合拢以后，编校部要全部重新通校本史所用的底本，还要把点校本和新的修订本进行核校比较，明确地知道底本、点校本和修订本之间有什么差异，其差异还要由修订小组再次确认，最终达到保证校勘质量的要求。

我知道，把书中如此这般严谨而复杂的编辑工作程序介绍给大家，出版业之外的读者朋友难免会感到相当的困扰和畏惧。然而，这正是我所希望产生的阅读效果。诸位不妨想一想，倘若没有如此这般严谨而复杂的工作程序的保障，如何能成就"国史"？如何能让优秀传统文化得以守护和传承？又如何谈得上优秀传统文化实现创造性转化、创新性发展？然而，即便这样的工作让许多人感到困扰和畏惧，中华书局的编辑出版人却能豪迈地表示："在一个悠久、优秀的传统中工作、生活，是幸运的、幸福的，我们是这个传统的一部分，我们承续传统，又为传统增添新的价值、新的色彩，因而也放大和延长了我们自身。"这是来自徐俊先生的"夫子之道"，我相信这也是全体中华书局人的共同心声。

2022 年 1 月

文美，思美，气象美

——朱永新《阅读之美》略谈[①]

一百条警句格言式的语录，分设在"精神""成长""氛围""经典"四个维度，构成朱永新先生的新著《阅读之美》（江苏凤凰文艺出版社）宏大的气象和格局之美。一百条语录都附有清浅亲切的讲述、生动真实的故事、中外阅读理论的对照和阅读问题及其解决之道，构成了朱永新先生的警句格言式的新著《阅读之美》文笔的畅达和缜密之美。令我们有意外之喜的是，《阅读之美》并非只有内容内涵及文字之美，全书的装帧艺术也令读者感到预料之外的鉴赏之美。著名画家王绍昌专门为此书创作了 100 多幅精美的插图，外加可以拆卸的 16 幅书签，如此便构成了全书的艺术之美。一部书能

---

① 《阅读之美》，朱永新著，江苏凤凰文艺出版社，2023 年 9 月出版。

做到如此精心写作、精心设计、精心制作，其本身就具有强烈感召力的阅读之美。

朱永新先生在我国全民阅读中是具有很强影响力的倡导人，也是一位杰出的教育家。他的语录"一个人的精神发育史就是他的阅读史"成为倡导全民阅读引用率很高的名言。他在教育实践中总能把阅读与教育很好地结合起来。探讨教育中关于阅读的问题时，他的见解常常让教育界许多人士豁然开朗。书中的一个观点让人们印象深刻："无限相信书籍的力量，这是教育应该恪守的宗教教义般的信条。"我们为什么需要阅读？这个问题看似宏大，难以回答，但我们可以在欣赏《阅读之美》的过程中，从不同层面理解它，也许就能得到较为完满的答案。

书中有言，孩提时所有的书都是预言书。在听故事、看故事的时候，孩子们的价值观已悄然构建。简言之，阅读的高度决定精神的高度。在我们都必须经历的儿童阶段，阅读带给我们的是什么？是从未经历过的世界。儿童读物的作者，似乎有魔法师般的力量，他们把人类最美好的东西，都藏在角色的命运、情节的变换里。我们不禁想到那些神话故事，精卫填海、夸父逐日、女娲补天……我们对于"坚持"的最初的理解正是从中而来。时代不一样了，优秀的作者和作品越来越多，多样化的选择给予了读者多元化的滋养，孩子们的三观在阅读中慢慢构建起来。其实，阅读对人的影响不仅仅体现在儿童时期，人生的每个阶段都离不开书籍，也离不开阅读。从图画到文字，从童话到科学，我们对于世界的理解就在这循序渐进的阅读中加深。这就是《阅读之美》要描述的阅读的人生之美。

让我们感到忧心的是，当下许多家长的功利性过强，单靠"刷题"就能提高学习成绩似乎已成共识。孩子们的时间被无数习题占据，阅读被抛在一边。《阅读之美》中讲到一个案例，青岛嘉峪关小学的一位老师多年来坚持用阅读代替刷题，实实在在地让整个班级脱胎换骨，毕业时该班的成绩从过去的倒数变成了年级榜首。阅读力决定学习力。阅读是主动学习，是为了丰富、提升自我而进行的独立思考；"刷题"是被动学习，是为了分数与考试而迎合揣摩出题人的心意。二者对比，高下立判。焦虑、内卷存在于生活的方方面面，被裹挟的我们对阅读存在饱满的期待固然无可厚非，但若仅剩功利性期待，往往会得非所愿。这就是《阅读之美》要强调的阅读的学习之美。

阅读是一种精神的需求，与书为友就是与无数个新世界为伴。《阅读之美》的作者在书中提到他自己的童年经历：小时候他在帮母亲打理乡镇招待所事务之余，喜欢借阅来自五湖四海的客人们随身带的书籍，这让他即便身处小镇，也存着对世界的无限好奇。一本书就是一个世界，不论是纪实文学，还是虚构小说，或是其他品类的书籍，在我们阅读时，我们已经进入了一个不一样的世界，通过他人的眼睛，我们才有机会去看见、去感受另一个天地。人生长度有限，但是人生广度却可以在探索中无限延伸。阅读是无形丝线，连接个人与世界、生活与历史，我们无法在现实世界中体验的，文字能带我们到达。这就是《阅读之美》描绘的阅读的成长之美。

叶圣陶先生说，阅读绝不仅仅是个体的事情，对于提高民众素质、增强国家实力也具有极其重要的意义。阅读不仅让个人受益无穷，还可以让一个民族焕发生机。一个不读书的民族是没有希望的民族。我深信阅读让人"知书达理"并且"知书达礼"，阅读可以提高国民素质、提升社会文明程度，从而为文化强国建设打下最坚实的基础。一个民族的精神境界，取决于这个民族的阅读水平。阅读的高度，就是国家的高度。阅读力不仅是个人素质的体现，阅读的水平代表着一个国家精神所能到达的高度，也深刻影响着一个国家文明的走向。我们通过阅读继承传统、记录当下、创造未来；更是一个民族、一个国家文化力、思想力、创新力的决定性因素。这就是《阅读之美》向我们展示的"深入推进全民阅读，建设书香中国"的阅读之大美！

2024 年 1 月